鎌倉仏教と魂

時間数と周期波動で説く

日蓮・道元

田上晃彩

たま出版

はじめに

本書は七曜と亀甲を玉結晶化して、既存の心からではなく、命を視座として、鎌倉期に花開いた日本仏教の改革者となった、日蓮と道元の二人の祖師に照点を合わせ、動と静の正反対の在り方と、その言説と行動を、まったく新しい角度から、既存の説にとらわれることなく、時間とその変化相である、周期波動説をひっさげて、再検討しました。

一つ目の視点は、誕生年と幼名・法名と使用年の時間座標から、周期波動の順逆対応と、今なる言説と、行動の命質変化を追証するために、空間質を孕む漢字の画数も採用しました。

二つ目は、鎌倉幕府を、源氏と北條氏との二つの幕府の開かれた年からの二つの時間座標から、周期波動を展開し、政治と仏者との相関理を追証しました。

三つ目は、大陸の蒙古から元に国名を改号した時間座標から、日本国の北條幕府と、文永の役・弘安の役が、どのような時間帯で起きたかを、時間と言語数により、当時の日蓮が予言したとの風説の正否を再検討しました。

四つ目は、鎌倉幕府の開設と、南北朝に分割された時質と、北條幕府の始めと終わりの時代変革を、西暦一二〇〇年からの時間変化の中で再確認します。

五つ目は、日蓮の鎌倉時代の動と、佐渡流罪後は静に一八〇度の大変革した理由と、文献至上主義の日蓮が、身延山に展開した空間マンダラは、なぜ文献主義から、視野が「時」に変質したかの、心変わりの理由です。

六つ目は、道元は渡宋前は文献至上主義から、渡宋後はなぜ、文献否定の座禅に変質し、自分から文献創作活動を、時を刻むように、時の連続体認へと変身したかの理由です。

七つ目は、日蓮の言説変化により、「仏法を学ぶとは、まず、時をならうべし」と時を主座に選んだ理由と、道元も共通した視点の「時」をより具体的に、「ねずみも時なり、とらも時なり、生も時なり、仏も時なり」と、時観の中で、当時使用されていた十二支を時の主座にすえて、時の連続性と同時に、外なる時間に対して、内なる時間の「夢」における、時質の二面性を打ちだしています。

これに対して、日蓮はその逆で、身延山に古神道の太陽崇拝をとり込み、当時の尺貫法に照らして、登山道に「丁」によって、時の連続の中に、順逆二相になる、時の回帰による、時場の変質を打ちだしています。

八つ目は、鎌倉期の二人の祖師たちの言動の基本視点は「心」にあったのに対して、二十一世紀は鎌倉期と相似像となる時質を示しているので、心だけでなく、心命一体、物心一体を、時によって、命を視座にした本書により、あなたご自身が答を出されると思います。

平成十四年二月七日

著者記す

目　次

第一部　鎌倉仏教を大手術する

第二部　道元の「道」と時観

【図説】

鎌倉期の西暦年数と十二支の見方

一一八五年二月節入後の1＋1＋8＋5＝15、1＋5＝⑥巳が鎌倉期の原点座標となります。破壊数は⑦です。周期は六年です。

源氏幕府は一一九二年④子年が原点座標となり、破壊数は③と⑧です。周期は四年周期です。西暦一二〇〇年は正治二年庚申ですが、年号は時間数には加えません。北條鎌倉幕府が滅亡した一三三三年までの百三十三年間に、年号は文治から元弘までに、年号が四十七回も改元されていますので、時間数として使用するのは不適格で省略しました。だが、十二支は一貫して使用されていますので、時間場として採用しました。

十二支場による破局場は、その年の支と対向する十二支場が破局場を形成します。したがって、十字形象になる子―午、卯―酉は、それぞれ対向する支が、破局場を形成します。×形象の四隅は、十二支場の対向する支は破局場を形成しますが、表面上は破局場に見えても、隣接する場は破局性は生じませんので、二卯性的な要因があります。禅僧の道元は丑年生まれですから、未の場は破局場を形成しますが、申の場は破局場は形成されません。ただし、年月対応で凶性を誘発することはあります。

また、年月対応で、相互にカバー吉性化することもあります。当時は閏年には十三ヵ月の年もありますから、月日は不明度が高いので、採用はさけました。たとえ、太陽暦に変換しても、月日が不確定の場合は、年月日の節入により変位します。

北條鎌倉幕府は、一二〇三年⑥亥で、年の破壊数は⑦と⑤巳です。日蓮は⑦午年生まれなので、北條幕府とは凶性を孕んでおり、ことごとに、その破壊性が生じております。時質は六年周期で変質します。

大陸の覇者、チンギス・ハンが蒙古を統一したのが、一二〇六年⑨数で、破壊数は④と⑥で、日本国の北條幕府の原点時場⑥は、蒙古にとっては、破壊作用を誘発する国であったといえます。

フビライが蒙古王として即位したのが、一二六〇年⑨数年で、④が破壊数となります。国号を「元」に改号しておりますが、④破壊の国号となっております。

文永の役は一二七四年⑤戌で、元の国号④は破壊数となっております。

弘安の役は一二八一年③巳で、元の国号④が破壊数となっております。④と⑤・⑥がからむと大暴風雨となる象意が発生します。

元弘の変が起こり、南北朝に分裂した年は、一三三一年⑧未で、源氏鎌倉幕府が開府した④

子年の⑧数と③数が破壊数を誘発した年となっております。西暦年数そのものも、上下二桁が、13と31に分裂並列する時数を示しております。

一三三三年①酉に、鎌倉幕府が滅亡しております。したがって、時間と空間を哲学的に問う場合でも、この時質と、周期波動によって、時空そのものが、変質・変位・互換・変換・反転・吸引と、言語数を無視しては、実証には程遠い空論となりうる危険性があることを示唆しているといえるでしょう。

玉結びの見方

玉の文字は、タマと呼び、珠・球・霊・魂と十字形象でとらえられ、漢字表現されて、その用途によって使いわけられています。玉の一字を加えると、❀の形象の記号表現ともなります。七曜紋は亀甲で❀形象で表現されています。妙見菩薩の信仰にはこの紋章がありますが、現代ではほとんど、原理原則は忘れ去られています。

だが、古代ではよく伝承されており、古中国の易経の中に出てくる、河図・洛書の中央にあるのは十字形の玉表現なのです。

それ以前の老子道徳教の四十二章に書かれてある、「一は二を生じ、二は三を生じ、三は万物を生ず」の玉表現は∞表現です。仏教による像仏の在り方に見る三尊仏の理念は、ここに玉列《つら》ねされています。あるいはまた、法句経の「亀は六を蔵す」と表記した裏面にあるのは七曜によるとらえ方ですが、中心は無く外囲いにある○だけをとらえており、生命不在です。その回転体のとらえ方である、動態観が抜けているようです。だが時代を下がって、万葉時代の貴婦人の額には亀甲紋が化粧の中に採り入れられています。ここにも古代思想の残映を見ることができます。

特に注視しなければならないのが、平安時代の初期に仏者空海が唐から帰朝後に、密教マンダラの金剛界の中に、玉結びの手法が取り入れられていることです。だが、鎌倉期の中期以降までには忘れ去られており、半世紀たらずのうちに、日蓮などは、「弘法亡国」とまで、片面観で妄言を吐くに至るように変質しているのです。玉結びの原理が忘れ去られているからで、歴史的劣性遺伝といえます。

空海は真言の音霊数69を六倍した414数が、大日如来の理法身としての生命観を展開し、胎蔵界マンダラの414尊の配産の真意が、鎌倉期に生を享けた日蓮でも、原心にある、認識・智性を象徴する⑨数破壊性と、言語を象徴する③数の破壊性を、自ら呼び寄せたところに、一大汚点を残したといえそうです。

日本天台の祖である最澄が、年下の空海に辞を低うして、密教を学ぶために、なぜ頭を下げたかの真意が読めなかったのではなかろうかと、考えられます。

そのなぜかは、密教である、玉結びの運用法が分からなかったからだと思います。当然語密の理法を知りたかったのではなかったのか、とも思えるのです。

本書の結びとして、誰もが知りたい、玉結びの動態把握の一端を解示しておきますと、次のような時即数の一体で、命質変化を追認することが可能となります。

密蔵された∞はどこにあるかと言いますと、老子の一は二を、二は三を生み、三は万物を産む原初的な問いで、このことは古代ピタゴラスが、石積みの法で、四層まで積み上げると、○∞∞∞となり、先端の上一個・下二個に包みこまれてあるのが、七曜になる亀甲で、七は三と四に分けられると語っているのは、仏教で説く、五十五の大マンダラの如来といえそうです。

玉を十字に結び、その結合の一玉○に①が生じ、回流しますと、六種の霊数が結ばれ、その対向する霊数は、全て⑦霊数となり、合計しますと、⑦+⑦=⑭霊数となり、気化とすれば、14面体の核数となります。この結球作用こそ、玉結びの基本です。

動態的に時が回流しますと、中心の閉じられた器の◯が、開門して④となり、さらに回流して中央の玉座に回帰しますと、⑧となり、中央には④+⑧=⑫となり、対向する霊数①+⑦=

一期の、天地人の季数となります。

次に中央の玉座に①霊数が生じ、外側の玉場に回流しますと、その対向する霊数は、②+⑥=⑧、③+⑤=⑧となり、中央に結ばれた⑫を加えますと、24+12=36ヵ月の三年
⑦=⑨、③+⑥=⑨、④+⑤=⑨となり、中央の霊座の①+⑧=⑨。合計しますと、㊱霊数となって、同じく、天地人の36ヵ月となり、ここに、陰・陽の二気の回流を見ることができます。

時代を下がって、弁証法における、現代観による、正反合の認識では、正の中の順逆、反の中の順逆だけでは片面観となることを物語っているようです。

次に、中央の玉座に⑤霊数が回流する場合、対向する霊数は、②+⑧=⑩+⑤=⑮。①+⑨=⑩。⑮+⑩=㉕。この㉕霊数は、易経観では、天数二十五有の数理観はここにあるのです。宋時代には易は理解されています。

これまでに玉結びと、霊結びの基本を説明しましたが、これらの説明は中心の玉座を取り囲んだ一重環の見方ですが、二重環以上の玉結びとなりますと、複雑になりますから、題名にある『鎌倉仏教と魂』の六字表現にみる、六法の基本の見方にとどめます。

破壊数の見方

年数における破壊数の場を知るためには、七曜における3と4に分けられる基本となる年数をまず最初に知る必要があります。

西暦年数を一つ一つ加えてなる単数が、①・④・⑦となれば人数年で、十二支場は四種あり、子・卯・午・酉年の①数があり、基本として共通の破壊数は⑥数で、記号とすれば⑥×で表記します。破壊数は⑥×と⑤×です。

卯年①なれば、破壊数は③×と⑥×。午年なれば⑥×。酉年なれば⑥×と⑧×の二種の破壊数が、時間と置かれた場の支により、酉年なれば、卯の場が破壊数となります。

この場合注意しなければならないのは、太陽暦の二月四日の節分前は、前年の年数と十二支場となりますから、勘違いしないようにしなければなりません。法名の場合は、法名使用年の十二支の対向の支の破壊があれば、凶名となります。周期波動の順逆においても周期内の十二支の対向にある破壊数が法名にあった場合は、破壊性を誘発する素因となります。自他のもつ破壊数が相互にあれば、やはりその破壊性は作用します。また行動を起こす年が、自己の破壊数と同数となる場合も、凶性を誘発します。

この時例を参考にして、「破壊数早見表」により、日蓮と道元の年表を見て、時象・事象を比

破壊数早見表

2・9	子	7	3・8	子	4	5・6	子	1
9	卯		3・6	卯		3・6	卯	
3・9	午		3・9	午		6	午	
5・9	酉		2・3	酉		6・8	酉	
2・5	丑	8	2	丑	5	8	丑	2
2・9	辰		6	辰		3・8	辰	
2	未		8	未		5・8	未	
2・7	戌		4	戌		1・8	戌	
4・6	寅	9	3・7	寅	6	1・9	寅	3
1・4	巳		7	巳		1・4	巳	
3・4	申		7・9	申		1・6	申	
4・8	亥		5・7	亥		1・2	亥	

較検討されると、新しい発見があるでしょう。

序創

自然の中に仏法がある

私がはじめて人に逢った時、いつも同じような質問にあいます。

「カズタマ」とは何でしょうか、という言葉です。その時には、話の合い間に、「カズタマ」とは一口に言えば、「いのち」の働きです、と答えています。

その「いのち」の働きを通して、人間にとって本当のものとは何であるのか、また、これから未来にかけて、どうしたらよいか、という問いに答える学問です。その意味では宗教を超えた世界である、と思っております。

その理とは、どこにあるかと申しますと、自然の中にあるのです。

一瞬でも青々と繁茂していた樹木は、秋の訪れと共に葉が色づき、冬に向かって落葉してしまいます。冬ともなればすっかり裸木となって、枯木同然、寒々とした姿に変わっているのに、気づきます。

この枯木のどこに生命が温存されていたのか、春が近づくと、新しい若芽を吹き、色づいた裸木を見ると、外は寒くても、春が来たなと感じます。

その時には「梅は咲いたか、桜はまだかいな!」と心の中で口ずさみたくなります。

新芽はさらに、春・夏に向かって繁茂し、一斉に花を咲かせ、また秋から冬へと環境が変化してゆきます。

――これが自然（生命）の節となる四季の姿です。これと同じように人間も、大地を離れては生命はありません。

自分の今在る環境にとらわれなければ、人間も樹木と同じように、無意識のうちに作動する命の働きがあります。

「カズタマ」では、この生命の営みを、自動的な運命（時間）を「命が運ぶ」「命を運ぶ」在り様を、内在的な時間の周期と波動により変化する命と、外なる外在的時間の周期波動によって変化する命と、命の方向の三つの命題を理論化しています。

仏教では、仏具の三鈷杵《さんこしょ》と呼んでいる形態は、この原理を写しているのです。だから、時間変化によって変化変質する心の働きを、「体」「相」「用」の三大に分けています。

三鈷杵の形体を分かりやすく示しますと、

の形態をしています。

もう一つの命の在り様としては、毎年移り変わる時が、去年の一年と、今年の一年、来年の一年では、時間数は一ヵ年三六五日でも、質的には違っています。この変質する時間を、当時使用している太陽の位置を示す十二支場と、時間数と一体で、環境変化・生命変質を読みます。

この数理解を、当時の祖師たちは分かっていないようです。だから法難に遭っているのです。分かっていれば、日蓮聖人が『撰時鈔』の中で「仏法を修せん法は、まず時を学ぶべし」と書き残したとしても、観念的には、目に見えない時の認識を得たとしても、現実には不明だったと思えるのです。どこまでも、実践には役立たない、観念論の領域内における発言です。その訳は、本書を読み進まれるうちに、なるほど、そうだったのかと、不明点が理解できてくるだろうと思います。

また同時代の先輩である、道元禅師が「仏道を習うとは、自分を習うこと」だと語ったとしても、道がどこまで行っている道なのか、曲がっているのか、登り坂なのか、下り坂なのかの、方向感が欠落していますので、実践には習しようもないのです。たとえ座禅しようとも、自己の命質・命運を前もって知ることは不可能です。なぜかといえば、我一人の命だけで、社会の人間関係・物と命の対応把握には至らないだろうと思うからです。

一歩踏み込んで、「自己をわするるというは、万法に証せらるるなり」（正法眼蔵・現成公按）と語ったとしても、より具体的に論証が無いので、二十一世紀の人間の存在、物と命の対応の変化を、仏法によって証することは、不可能だと考えられます。

たとえ、鎌倉期に、革命的な新仏教を打ち立てた、法然・親鸞・道元・日蓮であっても、当時の為政者の権力の場である、幕府を開いた西暦一一九二年壬子年の時場の時間解釈が曖昧な認識論では無力だと思えるのです。

したがって、当時、一大困難となった文永の役（一二七四年）甲戌の時間場は、鎌倉幕府の原点となる時間座標と、その後の推移変化の動態把握が無ければ、砂上の楼閣です。時代の大波が起これば、観念論は消失いたします。

カズタマ論から検証しますと、日蓮の法難・予言も、その正否を再検証する必要があります。なぜか？　と言うまでもなく、鎌倉期に生きた日蓮の一連の行動による法難は、本書で解示する田上数理学の、破壊数に絡んでいるからです。

一例を挙げますと、当時の鎌倉幕府によって成る、『御成敗式目』第十二条の「悪口の科」で伊豆に流罪となった時は、日蓮の誕生年一二二二年壬午の③数破壊が、五回目の周期に入った七年周期内の③数破壊が回流した時期内で起こっています。

また二度目の流罪で佐渡に流された時は、八回目の周期に入った、しかも法名「日蓮」と改名した一二五三年（1＋2＋5＋3＝11・1＋1＝②）②丑年から併用して読みますと、反転時場を示す一二七一年（1＋2＋7＋1＝11・1＋1＝②）②未年となり、かつ、誕生年からの周期内に入ったとたんに、罪科のとがで流罪となっております。

当時は十干支は理解できても、統一時間の西暦は不明なので、前もって予知することは不可能です。旧暦は一ヵ年が十三ヵ月の時代なので、干支だけの時間認識では、予知・予言は不可能に近い難問題だと思います。

だから再検討が必要なのです。干支の六十年環流法では無理です。

仏法の原点をみつめる

去る昭和五十年（一九七五）奈良市にある近鉄駅で、近鉄主催の「歴史教室」が催されていることを、京都の仏教講演会で耳にしましたので、帰路、奈良に立ち寄り、早速「歴史教室」へ出向きました。

――そこの責任者の方とお会いした折、外国人の仏教研究家、日本仏教に興味をもっておられる人たちの問いかけは、観音様はなぜ十一面なければいけないのか、という素朴な問いが多数あったようです。

小学生・中学生が観音様とは何であるかという質問をしましたが、それの答えは、これまでの文献上の知識を拾い読みする程度の説明だったようです。

文献上の説明は、写真集で知られているので、わざわざ会場に来た人たちは、そのような説明を聞きたいのではなく、仏像を生み出した精神は、どのような思想の上にあったのか、なぜ十一面の観音像を彫刻しなければならなかったのか、なぜ鋳造しなければならなかったのか、ということを知りたかったようです。

現代までの仏教解釈の中には、なぜ？　十一面なのかの数の裏に秘められている理（この原点の問い）が見当たらないのです。

多数の観音像の中には、三十三面観音像もあるので、3×11＝33面となる数字の計算では、小学生だって知っているのです。だが、この表面的な理解ではなく、それらの「数」が、何によって導き出されたのか、そこのところを知りたいのだと思います。なぜ？　信仰と結びついたのか、そこのところだろうと思います。

見落としているのが数詞《かずことば》を使用した仏像なので、3・11・33の三種の数詞が、ばらばらにあるのではなく、3＋11＋33＝47という統一した数式にも、隠れた意味があるように思うのです。

漢字表現された文字は、音を聞くのではなく、音を心で観る表現の文字を使用しています。

ここにも命名における謎が隠されているようです。

隠されている謎なれば、その謎を知りたいと思うのは、水が低い方に流れるように、自然な人間の心意識だと思うのです。

そこで、観音様を導師として、水を去ると書く「法」のつく「仏法」の中心命題に、順を追って、一つ一つ肉迫したいと思います。

当時使用されていた十二支では、水を象徴する「子《ね》・辰《たつ》・申《さる》」の水局軌道にある中で、「申」は古い漢字の元である金石文では、で、神字の右に位置する象形となっています。

十二支の水局軌道内にある支は、白が象意となっているだけでなく、白光をも指示しています。（著者の眉間には∴の白光も出ます）

この象意に関連して、光の無い洞窟である脳から浮上してくるのが、日蓮が「松葉が谷」で襲撃された事件であり、また、空海が洞窟内で修業した折、巨大な龍神が現れたとか、日蓮が白猿に導かれて、洞窟に逃れて難を避けることができた、といった説話がありますが、二つの説話は、すべて水局軌道内の十二支である辰・申に関連する説話です。

現実に白猿がいたとしても、鎌倉期にいたということの確証はありません。あまりにも出来過ぎた説話なので、信憑性には欠けます。

また、辰を龍に結びつける話は、これも現実的ではありませんが、霊的現象における表現とすれば、理解できないわけでもありません。

　そのわけは、数霊《かずたま》研究の道程で、数えきれないほど、体感しているからです。

　龍神という表現が出ましたので、拙著『数霊《かずたま》の四次元』の中で紹介した実例を少し再録しておきます。

　当時、昭和四十年代に私が主宰する全国組織の『日本数霊《かずたま》協会』がありましたが、その時の会員（東京在）の一人である、初老の田村さんを指導していましたが、彼には「霊能体験記」という、本人を通した体感・靈視・霊聴例を記録した一冊の大判の日記があります。

　当然、年・月・日は克明に記録されていました。

「六月十一日。田上先生の佛教と数霊《かずたま》の講義。円融三諦・一念三千世界。帝釈天の御神示」

「大変感激する。博学多識に驚く。出席して本当によかったと思う。その夜は御勤めは時間がないので、自我偈小々唱えましただけで終りにする」

「突然、帝釈天が御姿を顕して、本日の講義は非常に有義のものであったから、よくよく記憶しておけよ」（演題は「数理からみた仏法哲理」）

　同日記の日付は前後しますが、日蓮聖人に関連して、「二月二十五日―身延山の七面大明神が現れた。金竜である」という例も記録されていました。

○私事を一言

(1) 霊能者が気絶した

東京時代、『数霊の四次元』『古事記の謎』を続けざまに出版し、講演・講習に全国をかけ巡っていましたので、カズタマや霊現象について、多くの人が出入りしていた中に、身延山一の女性の霊能者を知っておられる方が、その霊能者に最高の高御座《たかみくら》のご神霊が降りておられるのが不思議で、機会ができたので、お山に登り、そのことをお伺いしました。するとその霊能者の先生がお祈りを始め、五、六分もしないうち日蓮聖人が出てこられ、三十分たち、四十分もたち、五十分近くたつと思われた時、合掌した両手を前方に投げ出し、頭を床に平伏して、気絶したそうです。

同行した人が心配して、仮死状態になったので、オロオロして顔を覗き込みました時、フーっと息をして、顔に血の気が出てきたそうです。仮死状態は時間にして五、六分は続いていたかなと言っておられました。

……我に返った霊能者は、額を床に押しつけ、左右に首を動かしたのではないだろうか、……擦り剥けて、額に薄っすら、血が滲んでいたそうです。

約一時《いっとき》ぐらいしただろうか、霊能者が我にかえった瞬間、眼前にボーっとした金色のベールがかかったその奥に、ご神霊のお姿を拝したと言ったそうです。

しかし、もう二度とご神霊を拝すことはできないだろう――。もしお呼びすれば、その時は私の命は無いだろう、とも話されたそうです。

(2) 殿様の菩提寺で憑霊

ここまでの頁に、「数霊」「カズタマ」「破壊数」「周期波動」という耳新しい表現と、文字表現がありましたので、読み進まれるための、認識の手助けに、「数」「霊」について、理解できる範囲の説明をつけ加えておきます。

さきの「序創」の中にある「自然の中に仏法がある」との項目を設けた中に、四季の冬・春・夏・秋の自然の営みの繰り返しの循環について、文章の中に「の」を四字取り込んだのは、四季を写し取った表現です。

この四つに括った理由は、仏教では、人間の本質を四の数詞を使用した四聖諦、つまり苦・集・滅・道という四つのカテゴリーでとらえており、表現を替えますと、少年期、青年期、壮年期、老年期の区分になります。

その理由は、「序創」という二字表現の中に内包されているのです。

私の多くの著書を通して、全国から集まってこられた人の中に、青森からこられた人があります。小館さんという方で、その小館さんが『カズタマ』52年春季号の会誌に、自分を通した体感を、次のように発表しております。

「昭和五十年四月の事でした。弘前市においてカズタマ初級講習会に参加し、会員六名が終了後二台の車に分乗して、岩木山に向け出発しました。

道路には春というのに、路肩に三十センチほどの残雪が、薄黒く積もった少し肌寒い日でした。桜の名所、弘前城の見物を終った後の出来事でした。

未だ私の経験した事の無い、不思議な出来事に出合ったのです。誰かが行先を指示したものと信じて後について行きました。ところが到着した所は、弘前市にある長勝寺という、津軽家代々の殿様を供養している寺院でした。

後からＦ君が運転する車で先生が到着しました。車から降りられた先生が、すかさずＦ君に向かい、

「この寺には助けを求める亡霊たちが、私に沢山取り憑いてきているので、私は寺院に入らず、門前で皆さんの帰りを待ちましょう」

と言うのです。そして、寺院内に入ってしまった五人の内、性格の弱い人には亡霊がついて、

変わった現象が起きますよ、ということを乗車後に知ることになったのです。

何事もなかった一同は、日頃の心がけがよいから、亡霊もよりつかなかったと、冗談を交わしながら、一路岩木山へと向かいました。

肌寒いが晴天の津軽路を快調に突っ走りました。ところが十五分ほど経過した頃でしょうか、S君が「目の前が真暗だ！　目がみえねー」と叫び、両方の目から大粒の涙をポロポロと流し、俄盲《にわかめくら》の仕草をするのです。

びっくりした私は、S君の顔の前で掌を上下左右に振ってみるのですが、目は一点を凝視するだけで、本当に見えないようなのです。

助手席に同乗しているN君自身が、「我《わ》も首が回らねえじゃ」と、情けないほど弱々しい声で訴えているではありませんか。これで二度ビックリの私は「苦しいか、がんばれ」と、何の励みにも助けにもならない言葉を繰り返すだけでした。

まもなく、前方を走っていた車が急停車して、先生が車から降りて、こちらに歩いてこられるのが見えました。

私は夢中で車の窓から大声で先生に助けを求め、事の次第を手短かに報告しました。

にっこり頷いた先生は、「どうも様子が変だと思い車を止めました」と、二人の頭・目・肩にやさしく手を触れられた後、ポンと背を叩き、「もうよいよ。首を回してごらん。もう目は見えているよ」と言うと、運転手にも注意をうながし、何事もなかったように、再び岩木山へと向かいました。

古い由緒のある岩木山神社の鳥居をくぐり、社殿に向かいました。

参道には、大木が鬱蒼と立ち並び、あたりは粛然とした清浄な気に包まれていました。

拝殿の前に立たれた先生のお祈りが続き、大きく大円を三度描いて、柏手を打つたびごとに、社殿の縦三メートル・横二メートルほどの障子が「バババン、バババン」と聞こえる現象に気づきました。

どうしたことだろう、何事だろうと考えたり、煙草の煙もまっすぐに立ち昇るほどの静寂そのものの日和であるのにと、思いめぐらせ、かつまた途中の車中の出来事などが思い出されてくるのでした。

神事、仏事に疎い私は、おかしな事だと思いつつも、つい先生に尋ねることを忘れたのが、残念でなりません。身をもって体験した私としては、非科学的なという一言で、即断できない、何かを感じずにはおられません。そこには現代の科学の領域を超えた、未知の世界のあることを、先生を通して知らしめられたような気がします」

(3) 尼さんが泣いた

日本仏教の担手である祖師たちの生活行動を見ると、鎌倉時代、当時の仏教の退廃を打ち破って、熱烈な仏教業行を実践しておられます。現状の壁を破らんとして行動しているのです。法然、親鸞、道元、日蓮においても、過去の状況を打ち破らんとして立ち向かい、苦難をものともせず、目に見えない壁の向こうにあるであろう光を求めているところに、価値があるのです。別な表現をしますと、未来に向かって、仏教を受容したといえます。

それに対して、現代の仏教の在り方、仏教に対する認識は、未来に向かった目をもたない、大半、鎌倉期仏教に向かって、回れ右の、過去に向かっての仏教の受け取り方を、後生大事に云々しているという実状です。

これでは進歩ではなく、過去に向かっての後進です。しんこうの逆転した、こうしんと言えそうです。片寄った言い方をすれば、宗教株式会社だとも言えそうです。そこには釈尊の精神もなければ、祖師たちの精神すらも消え去っているといえます。

昭和四十九年に九州の小倉でカズタマ講習を開いた時、四国の真言宗の熱心なお坊さんが、聴講を受けられました。その時、そのお坊さんは、

「私は今日まで、僧侶として祖師の教えを、後生大事に護ってくればくるほど、真言宗の在り方が見えなくなってきました。大師の考えが分からなくなってきました。だから、このままゆけば、近い将来、僧侶を廃業するような心境になるのではなかろうかと、ここ四、五年の間、悩み続けました」

と、述懐していました。そこで私は、

「カズタマ数理（タマ思想）からみて、真言宗の密義は何処にあるかということを、質問にしたがってお答えいたしますから、どしどし質問してください。一つ一つ私はこれに対してお答えいたします」

と言って講義を続けました。

当日は仏教系の僧侶が幾人かみえられていたようです。その中に、霊視力が強い方もおられたようですが、その方は、当日の講師である私の霊力をご存知だったので、前方の席は避けて、後方斜めの席に陣取って、当日の講義中、何が起こるかを、講師の私を見ていました。すると、一人の僧侶が、「ゲップ」と嘔吐して、いたたまれなくなり、席を立って外に出られたようです、とその方は講義後に私に話しました。

——驚いたことに、先生の後に、弘法大師が、大入道の霊体で、ニコニコされたお顔を拝すことができました、とつけ加えて話しています。

この霊能者は、九州の会員と一緒に、宗像神社にお参りし、神にお伺いしたところ、今日のこの講習会では、「田上師の隣に腰掛けてみよ。そうすれば、神の言うことがよく分かる」と訓《おし》えいただいたと言うのです。その方は講義の前に、私が座っていた、ソファの左隣に座ったとたん、飛び上がってしまいました。

「電気が強く、針の蓆《むしろ》に座らされたようで、座ることができなかった。二度座ってみてもダメで、三度目は諦めた。いろいろな霊能者に会っていますが、このようなことは、初めてです」

と、話したことを記憶しています。

また次のようなこともありました。

奈良の講習会（三時間講義）の時には、真言宗、天台宗のお坊さんが尼さんと一緒に来ていました。

この日の講習会では、私が講義を始めますと、とたんに、尼さんが、目から涙をこぼされたのです。

私は講義しながら、本人の方に顔が向けられないのです。

顔全体をしわくしゃにしながら、講義が終るまで、泣きっぱなしなんです。講義が終ってか

ら尋ねますと、

「自分でも分からないのです。なぜ、涙がこぼれてくるのか、分からないのです」

「ただ、有難いという心があるのです。恥ずかしいから、涙を止めようと思ったのですが、なおさら涙がこみ上げてくるのです」

と本人は、また涙をこぼしながら話していました。

天台宗のお坊さんは、私が円融三諦を数理から説いた時に、「これで天台の教学は破れた」と述懐しております。

あるいはまた、四十九年十一月から、東京において一般公開の仏教セミナーを、無料公開したことがあります。その時、何回目の講義だったか忘れましたが、講義の途中、私が口走ったのが、

「鎌倉期における日蓮教学は破れたり、昭和が終わらんとする時において、日蓮教学は破れたり」

と無意識に大音声で口走ったのです。

おそらく、日蓮聖人は昭和の終わらんとする御代において、我が教義を打ち破った人が現れたと、逆に涙を流されておられるはずだ、喜んでおられるはずだと、もし日蓮聖人が霊界で聴

いているならば、霊体となって出てこなければいけないと、言葉を出したと同時に、私に乗り移ってこられ、涙ながらに、講義の最後の言葉を結んだのです。

祖師たちの教説を破るということは、祖師たちを尊敬することになると思うのです。子供が親を乗り越えて進むのは、人間社会の進歩であり、自然の命の理だと思うのです。

それはまた未来に向かっての、仏法の開幕なのです。過ぎ去った、ドロドロした因縁を打ち破ることだと思います。

日蓮聖人が若き日に、法華経の行者だと自負して、我一人だと、身命を投げ打って師事した幻の釈尊すらも、自分の王城を捨て、妻子を捨てたではないか。日蓮聖人自身も、生い立った宗派を捨てて、衣更えしたではないか。当時の鎌倉仏教を打ち破るために、あれだけの迫害に対して、命を投げ出して立ち向かっておられるではありませんか。ここにこそ、真に生きた、仏教精神があると思うのです。

私は、文献の中に仏教があるとは思っていません。仏教が生きているとすれば、祖師たちの体当たりの行為の中に、無言の中に、仏教の真髄を語っていると思います。

大衆をつなぐための方便として、冠婚葬祭の中に、教団拡大のために、文献をこま切れにして語っているようでは、仏教ではありません。

時間を問う雛型

さきに、「カズタマ・数霊」は「タマ思想」だと書きましたが、現代で言う統一学で問題となるのは、時間論だろうと思います。

時間に関わる言葉についてですが、古語では時間という言葉はありません。だが、「イマ」とか「コク」とか「トキ」という三つの言葉によって、我々が認識するところの、時間を表現しております。

数をもちいて展開するカズタマには、基本として、六種類の時間をとらえます。分かりやすくいえば、上下・左右・前後の六方向を統一する三つの軌道と、命・物・名・行動の四つの軌道。厳密に言いますと、その七種類に分別できます。

この時間質を現代的に表現しますと、科学における基本の亀甲形態が、それを暗示しております。化学ではベンゼンと呼んでいるのが亀甲です。

このベンゼン自体が時間を象徴していると同時に空間をも象徴しています。

仏教では、法句経に「亀は六を蔵す」とある理はここにあります。また妙見信仰の基底にあるのも六であり、七でもあります。この理を映し出しているのが、観音信仰で、二世紀頃にはすでに知られており、仏を「ホトケ」と呼ぶ源流もまた、ここにあります。

観音は基本的には十一面ですが、図示するカズタマ結びでは、十二面。タマ表現しますと、11球と、中心の球を加えて、12球ともなる、北斗星紋が原型となっております。

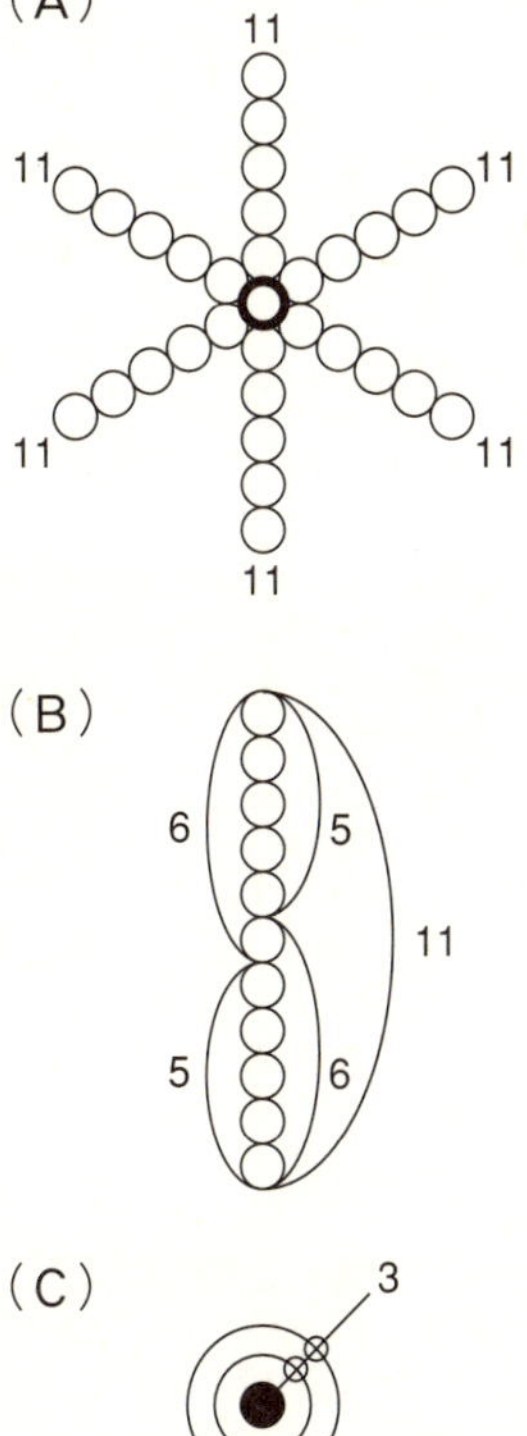

Ⓐ図の玉連《たまつら》ねは六方向に✳形に結ばれています。—○—の玉連ねを、カズタマでは、一柱11玉結びと呼んで、○を器としての「場」としてとらえ、観音像に映されています。円環的に算《かぞ》えますと、中心の大◯を囲んでいる玉数は30個あり、一ヵ月30日の基本の暦数を示しています。30に中央の玉を加えると31日に、中心の大円の中にある小円の核となる二点を30から引くと、二点通過した場合は閏月の28日に、一点の場合は29日に振り分けられます。

また中央の三重の玉数を加えたものが、三柱に展開したものが、33玉であり、物に写し替えられて造仏されたのが、三十三面観音像です。七面観音像の原形は❀の北斗星紋です。(B)図を説明しますと、順逆で、中心の玉を加えますと、中心の玉は二重環となり、十一面観音と十二面観音像となる、原型の時間場としての把握が隠されているのです。だが、このタマ思想になる知識が無いところから、なぜ？　十一面となり、十二面に変質するのかの謎の隠された理が忘れ去られたところに、文献の説明をそのまま語るところに、謎のベールに隠された理が、説明できないのです。

その意味では、物に写し替えられた仏像が、見る仏教となっているようです。

妙見菩薩が、右手に剣を、左手の掌に宝珠を持っているのは、北斗七星が原意識にあることを、物語っています。

私は、剣も宝珠も、著者を通して光によって表出された映像を、コンパクトカメラで、映像化していますので、たんなる想像的創作でないことは、実証を通して確認しております。したがって、日蓮宗では、南無妙法蓮華経の七文字で唱えるのは、本書で説明した理によって写し出されているようです。

(B)図左内側上部にある6(印は、中央の玉を一つ加えて六個。下部にある5(印は、中心に結ばれてある玉数を示す略記です。

右内側上部にある）5印は、中央の玉に結ばれてある玉数で、右下部にある、中央の玉を加えた）6印は、中央の玉を加えて六個ある、玉数の略記号です。

Ⓒ図は中央にある核となる親玉であり、カズタマでは、中央の玉を、玉座《たまくら》と呼び、時間が玉場に入った場合は、霊座《たまくら》と命名しております。また霊《たま》の字は、使用によって、直霊《なおひ》とも呼び、玉も使用によっては球《たま》・珠《たま》とも呼んでいます。マニ宝珠は珠を使用してあります。

親鸞聖人が六角堂という亀甲形の堂に参籠《さんろう》され、百日満願より五日前の九十五日目に、聖徳太子の夢告《むこく》があったと言われている五日前という五の数は、B図の玉数と一致いたします。

九十五日というのは、95÷6＝15余り⑤となり、参は参内するというように、中央玉座に参入することで、夢の古語は五理《いめ》で表現します。A図の玉数が15回転した理です。

参籠の「籠」はカゴメ紋で、✡となりますから、理の形象化と言語表現が一致しております。ここに、亀が霊亀《れいき》として、信仰の対象となり、年号の中にも採用されるようになったようです。

元明天皇の七一五年乙卯年に、元明・元正の女帝のつなぎの時に、年号が「霊亀」となっております。単数化すると、7＋1＋5＝13・1＋3＝④で卯年です。

九年後の七二四年甲子聖武天皇に受け継がれ、再び「亀」字が採用されて、「神亀《しんき》」の年号となっています。

二つの年号の題字を読みますと、霊は即神として、霊亀が神亀となり、カミの心意識の中で造字されているのをみることができます。

時代が百年ぐらい遡《さかのぼ》った、六八九年己丑《つちのとうし》の子《ね》月に双六《すごろく》が禁止されています。

ご存知のように正四角六面体で、対向する面の●印は、①と⑥、②と⑤、③と④。それを加えた目が⑦となるように作られたサイコロです。使用する時の、賭事には、黒に塗られた山高の竹籠の中に二個入れるのも、陰陽の原理が取り入れられるからです。

六面あることは、自然数を二列に順逆に並べた数となり、左右を加えた数は⑦です。

順 1　2　3　4　5　6↓

↑6　5　4　3　2　1 逆

万葉集では「左右」をマテと呼んでいます。

漢字でマテ音を表現しますと、マは「真・間・魔・摩・麻・磨」の六字があるのも正四角形六面体を表し、角度を変えてみれば、亀甲⬡となるところからみても、理解できます。

すでにこの原理が、当時、理解されていたと思われます。なぜかといいますと、九・九の八十一の理が、とっくの昔に理解されているからです。

　ご存知のように、手には五本の指があり、指には三つの節がありますから、4×3＝12。この12が、十二支に該当し、親指には二つの節があり、十干の甲《きのえ》・乙《きのと》・丙《ひのえ》・丁《ひのと》・戊《つちのえ》・己《つちのと》・庚《かのえ》・辛《かのと》・壬《みづのえ》・癸《みづのと》になる陰陽二気の働きを写し出しております。24節季《せっき》にも該当します。

　易・暦が伝来したのが、欽明《きんめい》天皇壬申（五五二）、推古《すいこ》十二年甲子（六〇四）初めて暦を用いているだけでなく、聖徳太子が憲法十七条を制定しています。①子年で、潜在には、亀のタマ思想が息づいています。水局軌道内です。

　亀の象徴である亀の背に四文字のほかに計百の亀が施された「天寿国繍帳《てんじゅこくどんちょう》」は、聖徳太子の妃の橘大女郎《たちばなのおおいらつめ》によってつくられたものですが、そこに鎮魂のために、亀を百も配置されているのも、当時、霊亀信仰が意識の中に作用し続け、受け継がれていたからでしょうか。

　百カ所に亀を配置したことは、本書巻末に提示した「並列数一覧表」を見れば分かるように、順逆数199により、中央に100・100の並列がなります。千手観音像もこの延長線です。

　100は10×10の理があり、10・10は19の順逆対応によって表出される数理だからです。

　この10と9の潜象理が写し出されているのが、伊勢神宮の内宮十本、外宮九本の鰹木《かつおぎ》です。考えられない無意識の連鎖をみるのです。いや、無意識というより、伝統の中に受け継がれているといえます。

このタマ結びの秘法が忘れ去られた現代の仏教学では、「六」のもつ意味、「十一」のもつ意味とか、「三十三」のもつ意味は、謎の謎として、知ることのない秘義として、その前で立ち止まっているのが事実だと思います。

だから、学者が目を覚ます前に、学僧において、早く目を覚ましなさい。仏教の訓《おし》えを超えなければ、根源の理が奈辺にあるか——。その秘密を解き明かすことが、できないのではなかろうかと思うのです。

すでに、大衆の中より呱呱《ここ》の声を上げ、「カズタマ」の数理構造による、「タマ結び」により、秘密の扉が開かれたのですから、混沌とした社会状況において、負うた子に道を教えられるハメになりかねないでしょう。

卍の記号は寺の専売特許ではない

さきに、推古天皇の甲子（六〇四）①子年に初めて暦を使用し、聖徳太子《しょうとくたいし》が憲法十七条を制定したということを取り上げましたが、時間質は子年で、元明《げんめい》女帝の和銅五年（七一二）壬子年に、『古事記』が撰上されています。次に元正《げんしょう》女帝の養老四年（七二〇）庚申に『日本書紀』

が撰上されておりますが、十二支では、甲子、壬子、庚申、の時間場を示し、十干は陽干で、十二支は水局軌道内で、時場が形成されています。

水局軌道の「子」は物事の始め、胎生を意味する年を選んでいます。

記紀・万葉集に採用された、古代音韻になる字音仮名では、心の在り方について「ココロ」の「コ」音の第一音節では、「許・己・去・虚」の四字で表現され、第二音節では、「許・己・去・居・虚」の五種に使い分けられております。

だが、その使いわけの理は、亀甲の原理になる一霊四魂の原理に、ピッタリ一致しております。玉表現すれば、「❀」となります。

第三音節の「ロ」に対しては、「呂・里」の二種に使い分けている点から考えますと、陰と陽との二心の在り方、別の表現をしますと、我と汝、己と前に該当するでしょう。

相互の立場・対応からみた心の在り様を把握していたのではないか、そのように思えるのです。

だから、仏教用語である「一念《いちねん》」という二字で表現される、「一」と「念」について、まず最初に問わなければならないのが「一」の和数字の「一」「イチ」だろうと思います。念は、今と心の合字からなっています。つまり瞬間の瞬ですから、まぶたをたびたび開閉する一瞬の潜在に内生する心ということになります。無心では一念とは合いません。

ここで注意しなければならないのは、瞬は瞬時、瞬間という文字があるところから勘案しますと、時間が分割された造字となっています。画数を調べますと、10画と12画となります。単数は五・六に分割されます。

干支論からみますと、十干と十二支の合体の理が、潜在に隠れていると考えられます。仏教でいう、十法界、十如是、十二因縁も、日本仏教化していますので、文献にとらわれることなく、新しい見地から、再吟味する時がやってきたといえます。

題字に「一」のつく仏教用語は、少なくとも六百から六百十までに修《おさ》まるはずです。

このことは、私が大言壮語するのではなく、自然に、脳幹より湧出するからです。その理由は、額に第三の眼である、チャクラを授かっているだけでなく、頭頂《とうちょう》。輪光《りんこう》。火焔光《かえんこう》。宝剣《ほうけん》。手に宝珠《ほうしゅ》だけでなく、釈迦《しゃか》が菩提樹《ぼだいじゅ》の下で、覚りを開く時に、一人の少女が牛乳を捧げたという説話がありますが、それと相似をなす、幽体の物質化した映像を、霊《たま》思想研究のため、沖縄に長期滞在した折、実体感して、カメラのフィルムに映像化していますので、証となると思います。枚数にして三百点以上保存してあります。また、霞身《かすみみ》となり、体が透明化して消えた映像も保存してあります。

しかも参禅《さんぜん》しないまま授かっているから、不思議です。

このような例は、日本だけでなく、私が足を運んだ外国の霊場、教会内でも発生、発光しています。これもフィルムに納めてあります。

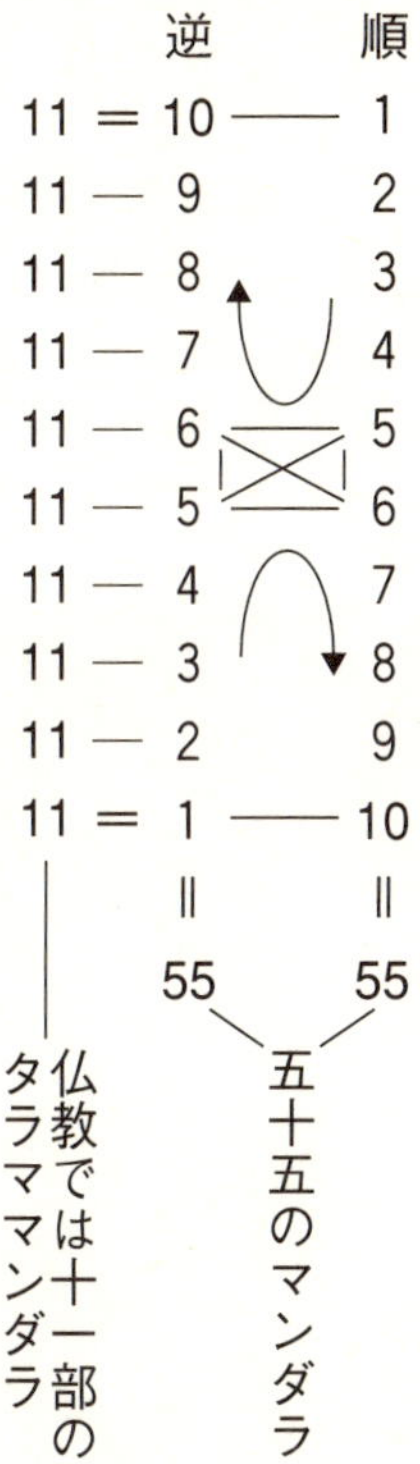

この数列対応理から考えますと、浄土真宗《じょうどしんしゅう》による名号《めいごう》は、「南無阿弥陀仏《なむあみだぶつ》」6字。日蓮宗による名号は、「妙法蓮華経《みょうほうれんげきょう》」5字と、「南無《なむ》妙法蓮華経」7字でとらえられています。

現代では、右の数列対応の中に内生する、順・逆の自然法理が、順の中にも順逆があり、逆の中にも逆順がある言・事の理を、知っているでしょうか。

順列に連結された55数。逆列に連結された55数との二種類のマンダラが密蔵されていようとは、どの文献にあったでしょうか。

この数列対応理は、縦結びになる数列ですが、正しくは、正十字になる横結びになる数列があるのです。分かりやすく説明しますと、十字形です。だからといって、短絡的にキリスト教の礼拝対象の十字とみるのは、早計です。

自然数の対応並列によってなる十字は、その中央に逆数の56・65。×形の対向に、5＋5＝10、6＋6＝12、となる数理が胎生しております。10が十干。12が十二支に対峙《たいじ》する原初的な潜象理を示しているのに気づきます。となりますと、十字は＋・×の二種の十字形の自然数理があることが、理解されてきます。さらに5×5＝25、5×6＝30も形成されます。

易経（繋辞伝《けいじでん》）にある、

「天一地二、天三地四、天五地六、天七地八、天九地十、天数五、地数五、五位相得て各々合うあり、天数二十有五。地数三十。凡そ天地の数は五十有五。これ変化をなして鬼神を行《や》る所以《ゆえん》なり」とあります。

この説によりますと、奇数は天、偶数は地数ということになりますから、

奇数は1・3・5・7・9。地数は2・4・6・8・10。

順逆の数列は、妙法蓮華王院本堂に安置されてある「千手観音」の配置は中尊のご本尊を中心として、左右にある十段の壇の在り方は、まさしく、自然数の考えがその基底にあり、そこ

から、「十法界」「十如是」という、対応が生じ、即、一体に機能する、仏法の解釈原理がここに雛形として、無言のうちに基壇の造型の中にも写されてあるのです。

また原理を圧縮して数図形としたのが卍で、正卍と逆卐の二種あるのも、ここに連結されております。

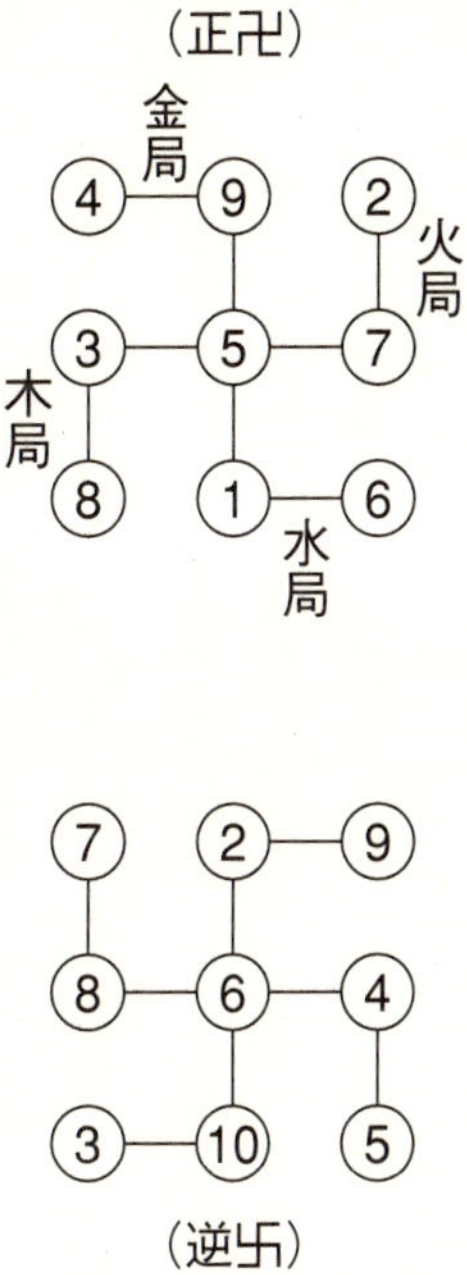

※正・逆マンジの各々の場の対向数は11数と、18数になります。

だが、西暦二〇〇〇年までの、長い歴史の中では、卍・卐は理解されていても、マンジと数理対応理が未解読だったようです。

たとえ『観音玄義』（下）に語られている、「十法界交互」があったとしてもです。そこに表の思想と裏の思想の見落しがあります。

肉体は表面にあるもので、その奥にあるのが七つのチャクラです。チャクラは「気のたまり場」で背骨に対応して連結しています。つまり体をささえているのは前でなく、後の背骨なのです。前は花であり、後は柱なのです。

内気と外気が交流するところが、渦巻となります。――その渦巻をマンジの卍・卐で形数化したのが、⑤・⑥対応であり、自然数の並列対応によって、成生されます。上下・左右・前後の対応で形成されるのが、11数で、⑩と①の合体にあります。逆は18数で⑨です。

そのマンジの交流に位置するのが、五大であり、六大です。物質化の形象でとらえたのが、十一面観音であり、三十三面観音であり、千手観音となって、造型化されているのです。だが、そこには物質化された、つまりそれを産み出したタマ思想になるカズタマの原理が忘れ去られているようです。

55＋56＝111。この111が「カズタマ」の世界です。五次元と六次元の一体化の世界で、日本の神話として伝承され、古事記の中に出てくる「天沼矛《あめのぬほこ》」をもって、「言依賜也《ことよさしたまいき》」の三字と四字表現で封印されていたのです。

その一部の理を開示するのが、本書の『鎌倉仏教と魂』です。

その理由は、3＋4＝⑦となり、亀の思想で、各宗派の名号の配字数は、ここに集約されてきます。だが潜在心では亀の思想は隠れて、建造物の寺内に在って、光に照らされるだけでなく、風・雨・雪・太陽・月・星の宇宙空間の、外光に向かって、外部に、内なるものを、物に仮託して表現しているのです。

その物とは、物と霊の一体となる形象化された、三重の塔、五重の塔の⊠の中心軸となる●の位置に、承露盤《しょうろばん》の台座を設け、その中央に、九輪の九つの輪の中に鈴を入れ、頂上には水煙の珠《たま》が配置され、塔を貫通する「心柱《しんばしら》」の言霊をカズタマの数理から読むと、10数の自然数の並列対応になる、55数の大曼陀羅の如来の姿が浮かび上がってくるのです。

これは一つの例ですが、真なる仏法は、文献の中にあるのではなく、書かれざる仏法の真実を、建造物自体に封じこめてあるのです。

真なるものは、表面に出ていません。真なるものは、語らず、必ずモノに投影してくるものです。ここに日本文化のすばらしい、心命一体の一系の血脈が受け継がれてあるのです。仏教はその中の一部です。

仏法をとく鍵は自然数にある

仏教用語の中には、さきにも提示した、自然数の、1～10の順流と、10～1の逆流が、対応してなる11数があり、それは、仏教では「十一部の達摩曼荼羅《たらまんだら》」といっている隠れた潜象理が、十一面観音となり、十一空、十一色、井田十一法、十一声、仏十一持、十一智……に移し替えられているのです。

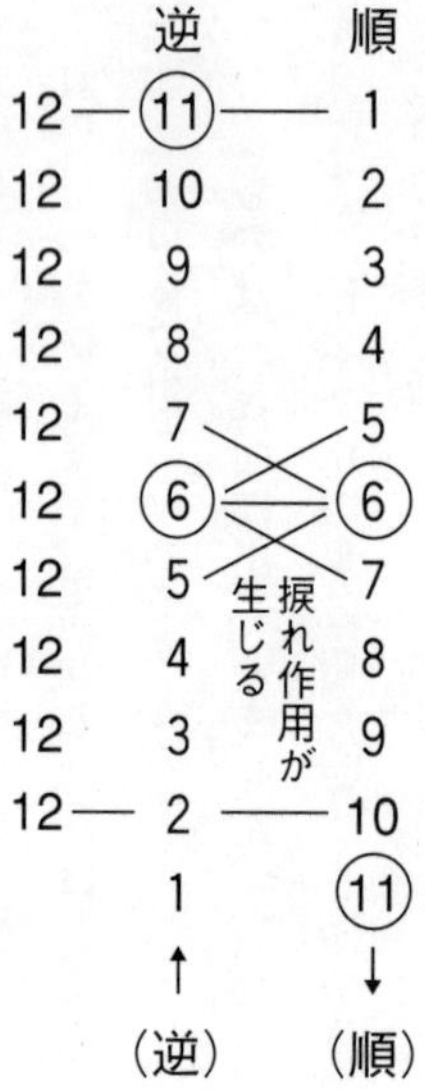

右の数列対応は、十進法の対応になる、中央に結ばれる場に5・6⊠6・5の対応数を抽出した数を、／線で抽出した⑥—⑥は、6＋6＝12となり、干支における十二支の素形と同時に、仏教における六道輪廻、十二因縁の集約原則をも映し出しています。

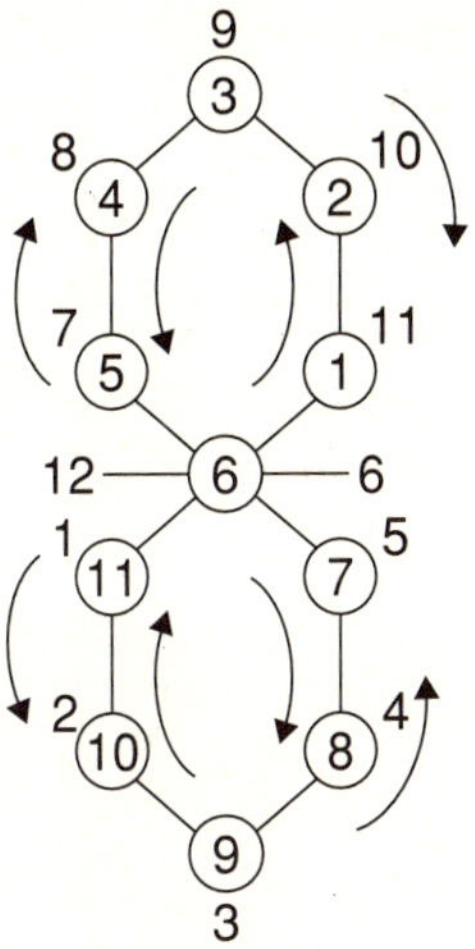

頂角結合による
5次元世界の11個
の破局場を示す。

1＋2＋3＋4＋5＋6＋7＋8＋9＋10＋11＝66

右の亀甲の頂角結合の原理を、日本仏教に写し替えますと、両手の五本の指で成る、「印相《いんぞう》」の潜象に隠れた素型が内生しているのに、驚くのです。

さらに驚くのが、角度を替えると、十二神将の頭部には、十二支が配座されるのも、カズタマの霊結びを形象化しているだけでなく、六識の理論も、二卵性となって、潜象に胎生しております。

「神将」という漢字は、旧漢字の画数では、10画11画で、計21画となる文字を使用しているので、21÷3＝⑦の理が潜象にあり、宇宙空間とすれば、亀甲の象意が、十二神将の神像を造るときに、造物者の脳裡にあるなと思い、年号で「亀」の字を探りますと、奈良時代までの年表を繰ってみますと、女帝の元明から次の女帝元正の、終わりと初めのつなぎの年が、「霊亀」乙卯（七一五）④数年で、次に出てくるのが、元正女帝と次の聖武となった甲子年に「神亀」と年号が変わっています。

二つの年号で共通なのが亀で、霊と神は共に「カミ」とも訓《よ》みます。

このことは、元正女帝の養老四年庚申（七二〇）に『日本書紀』が撰上されており、前四年・後三年は、年数そのものが、核となる正三角四面体が、無意識の中に「深層心」で連結されていることを示しています。裏読みしますと、次々に時代の深層と顕在が一点に集約され、時代の大変革を暗示していることを図示した、縦亀甲の頂角霊結びの論理とが、相互に呼び合った事が再確認できたのです。

そこに心意識を呼んだのが、薬師寺の東塔と興福寺の東金堂で、二つとも同じ神亀三年（七二六）丙寅に建立されています。干は共に陽干で、十二支は申と寅が冲となるだけでなく、冲《ちゅう》は、古中国の大哲学者である老子が、「冲もって和をなす」と語っていますように、神仏習合になる暗示をも秘めています。にくらしいほどの時の智恵をそこにみるのです。

西洋で十二宮というのは、東洋では月将と呼んでいます。そこに二十四節気が古代より、現代に至っても、暦の上に受け継がれています。

この二十四節気の気象を示す天象理を、片《かた》・像《かた》・方《かた》で示しているのが、大陸の古中国より以前の、仏教・易が伝来する以前の、遠い我が国の縄文期につくられた、現・金沢チカモリ遺跡で、両手の指五本を合掌した形の、半截の栗（九里《くり》）材を使って5＋5＝10本で円形上に柱で示しており、そして現代の人がいうような、入り口と思われる場所に二本あります。

それとは別に、少し離れた所に、丸木で、3・3対応、2・2対応の栗材で配置していますので、興味ある人は、現地で確認されるとよいでしょう。（拙著『甦る縄文の思想』たま出版刊）

3・3対応理になる原理は、⑥と⑤です。また、これに併設されている2・2対応理は、④と③です。またこの遺跡から、㊉印に刻んだ、楕円形の岩石も出土しています。

歴史の時間帯を、中心に巻き込んだのを、逆行させて解いていきますと、飛鳥時代（空を飛ぶイメージ）の天智八年（六六九）、中臣鎌足《なかとみのかまたり》が山階寺（興福寺）を創建しているのが見えてきます。

この年は中臣から、藤原へと、生と死が背中合わせになった年でもあります。

興福寺に祀ってある十二神将は、円壇上に「大将」の二字を持つ武人とした十二体の像でトーテム化して、頭部に置かれています。それぞれに甲冑《かっちゅう》を身につけ、手に法物を持った、十二支の子・丑・寅・卯・辰・巳・午・未・申・酉・戌・亥を表現し、十二支によるそれぞれの方位や、時刻を護る神として、それらの部所を護る法神といわれているものです。

もう一つ謎を秘めているのが、神将名には、さらに「羅」の一字が名づけられていることです。しかも仏教用語の「羅刹《らせつ》」という、人をまどわし、食うという悪魔を意味する羅を一字つけているだけでなく、大将の上に羅を中心にして二字を加え、2＋1＋2＝5字となる配字法をつかっていることです。

しかも、中央に薬師如来を置いていることです。数読みしますと、⑥・①・⑥の配置となっているのです。数寄せしますと、13数となる数意には、十三仏の種子と読みとれます。そこから深読みしますと、「羅《ら》」は四と維をつないでなる文字で、四のつく仏教用語の基本となる、四聖諦《しょうたい》で解く苦・集・滅・道の考えと、六大という考え方が共存し、薬師如来と結ばれるという演出となっているのではないかとの思いを引きだすのが、十二神将像でもあります。そこに四方・四維の＋・×の気道を暗示しているので、十二神将を羅列し、十二支に符節しただけでは意味がないので十二支を対応させてみると、そこから裏に隠されている真意が読みとれてきたのです。

子丑寅卯辰巳午未申酉戌亥　順
冲作用が生じる
午未申酉戌亥子丑寅卯辰巳　逆（振れ作用）冲《ちゅう》

十二支による対冲《たいちゅう》する支は凶性を帯び、霊障を引き起こす方位で、呪を呼びやすく、怨霊、異変も呼びやすく、邪鬼をうけやすい方位と恐れられています。この点をも取り込んでおります。この見えない世界へ至る幽界は、自分で体験し、体感しなければ、理解できない潜在界です。

知識の中では理解に苦しみ、悩む、迷界でもあります。

この迷界を知る縁となるのが、列車のガラス窓に、角度を変えて写る、前後左右の変化した景色と人と人との姿形で、現実に実在しないモノが写る理が、数では、⑤・⑥、⑥・⑤の、順逆反転した映像を考えれば、理解しやすいと思います。

現代観になる、幾何図形の、正五角形十二面体と、正四角形六面体を対応させ、局所場としての頂角と、面の中央の一点との結ばれる、点事象が、この迷路の入り口となる門戸となると思います。

それを暗示するように、興福寺の堂宇《どうう》が、平城遷都から、年代を経て整えられたのも、玉結びで考えられます。それを証すように、興福寺の軒丸瓦の面には、外側の大円と内側の円形が、凸凹となり、その中に玉が、20個。その内奥に八葉の花弁があり、その花弁の一花弁の中に、が16個も配分され、さらに花心は10個の玉に包まれて、梅鉢紋の5個の玉を造型してあるのも、タマ結びの原理から、導き出されているようです。

それを証すように、興福寺の東金堂にある「大将」名は、元明女帝・和銅二年（七〇九）己酉⑦酉年に、鎮東将軍名が、元正女帝の神亀元年（七二四）甲子年に、征蝦夷持節大将軍の八字になる、大将軍に見ることができます。

干支では甲・巳は干合しており、十二支は十字形象となる酉—子となって、時数は、七〇九年の単数⑦と、七二四年の単数④は、1・4・7の人数系列上で呼び合うよう、季《とき》を配分したであろうことが、年表で確認できます。

第一部　鎌倉仏教を大手術する

なぜ年紀を西暦年数で読むのか

時代の大きな山脈を登るためには、まず、山全体を遠望しなければならない。全体像を望見できたなら、山に分け入るためには、仏教用具の三鈷杵《さんこしょ》の三つ又を思い起こしていただくと、理解しやすいと思います。必ずというほどあるものです。角度を変えて我が身に置き替えると、我の命は、父あり、母あり、家あり、そこに時の中に生まれるという命の道です。生命核を形成する三角形四面体です。

母胎内に胎生した命がこの世に産まれることは、時と場に産まれるということです。我が家に生まれるということは、社会という世の中に生まれ、全体の中の、命・命の多数の命の中に、投げ出されるという事実です。

自分の意志で、両親を選び、家を選び、現在今を求めたのではないのです。だが、現に今ここに在るということは、我が命が、好むと好まざるとに関わらず、今在る我の命は、魂は、時空を超えて、一本の糸に連がれているようです。

仏具の連珠の玉連ねのように、一連の輪のように、鎌倉期もまた、この命の道から離れることはできません。そこに人間世間は、常に死と生、生と死が、一点の今中《いまなか》の時間場によって結ばれているのです。

鎌倉期も、生命の玉の緒につながり、結ばれているのを、歴史の中に見ることができます。

一つ目の結びは、源平の戦による、多数の命と命の激突は、精子と卵子の関係を思うと理解しやすいと思います。

鎌倉期は、二卵性の双子の命理があり、遠い家系の系列が、平安京に遷都した、延暦十三年（七九四）甲戌②戌年の、西暦年数の七九四年は、七—四の前と後の年数を加えた、7＋4＝⑪。この⑪は二卵性の因子を帯びた年数の単位です。その潜象には⑥数を内包。

本書の中で展開している、十進法の自然数の並列対応になる、順逆の数列を横並びに加えてなる⑪数がよく潜象理を示しています。

仏教では、⑪数を十一部のマンダラと呼んでいますが、現象に役立つ論理を、そこに見ることができませんので、さきに示した並列対応を、順を男性、逆を女性と仮定しますと、後に展開する、生命を運ぶ、周期波動の順逆対応理を考えるうえで、参考になると思います。男は順流、女は逆流が基本です。

ここでは数列対応は書きませんが、数列の中央に結ばれる数5・6、6・5、が×形にクロスする⑥／⑥の数理通りに、鎌倉期が集団の中で展開しているのを、発見することができます。

数意では、⑥数は権威、政治を象徴する数です。事象における数は、たんなる数字ではなく、時と一体なのです。時と一体であるということは、場と一体で作用し続けるということです。

⑥数は戦争をも示す象数です。

今在《あ》るということは、空間を象徴する正四角形六面体の面と、そして八つの頂角を共有する点時象は、時場の事象を共有し、その座標から三方向に拡大と膨張を続け、その外力は、巡り来る季の作用によって、外なる時間が、内なる生命場の我の心命に、作用し続けます。だから、孫悟空が如意棒を振り回して暴れ回ったとしても、お釈迦さまの掌から出ることができないとの説話も、この点を映したのでしょう。事例を一つあげますと、鎌倉期に生をうけた法華経の行者、日蓮が、法華経が絶対だと信じていたとしても、時代というホトケ様の掌から、時により掴み出され、指の間から四度の法難にあったといわれますが、時間場から判断しますと、法難ではなく、方罪なのです。

そのことをよく証明しているのが、平氏の死から、源氏の生と入れ替わった、文治元年（一一八五）乙巳年。単数化しますと、1＋1＋8＋5＝15。もう一度加えると1＋5＝⑥巳の時核となって、鎌倉期が幕開けしています。

破壊数一覧表を見れば分かるように、⑦数が破壊数となっています。

後ほど詳しく説明しますが、善日麿《12 4 18》（日蓮の幼名）は西暦一二二二年（1＋2＋2＋2＝⑦）

の名前と生年が一体となる⑦数に生まれています。

この⑦数の命・名が一体となって、鎌倉期の発出時場、⑥巳によって⑦×数破壊となっているのです。

このことは、日蓮が「仏法を修せんとすれば、まず時を学ぶべし」と言明していますが、時間認識が、観念的には感じていても現実の事象としては、時系の方向性、時命、時名一体となった⑦数が、鎌倉期に受け入れられなかったこと。なぜかの原点的な問いは、すでに、鎌倉で辻説法する以前、遠い奈良時代の天平宝字六年癸卯（七六三）の7＋6＋3＝16・1＋6＝⑦卯から改暦、改暦が繰り返されており、鎌倉期にも受け継がれ、各宗派も使用しているので、仏法解釈にしても、現象に照らしますと、不備な点が、多々生じているだろうと思います。

また初めて我が国が「暦」を用いた時期は、聖徳太子が憲法十七条を制定した、推古十二年甲子（六〇四）①子年で、鎌倉時代となった年は、文治元年乙巳（一一八五）⑥巳で、その時点から七年目の、建久三年壬子（一一九二）④子、源頼朝が、征夷大将軍に任じられて、幕府が設けられ、本格的な武士社会となっており、鎌倉時代が固定化され、時場が形成されています。

二つ目の座標は、一世紀を象徴する百年単位の時間帯を区分する、紀年の座標です。

西暦一二〇〇年は正治二年庚申③申年で、日蓮の生年は、貞応元年壬午（一二二二）年で、承久の乱の終わった⑦午年に鎌倉期の申し子のように生を受けております。この⑦午年の破壊数は子の場にある③破壊と、酉の場にある⑨破壊が、鎌倉仏教に絡みついているのです。

我が国最初の経済破局を再生しようと、「徳政令」が施行されています。これが世紀の時間座標による、寅の場に内生する、⑥数破壊年で、北條氏が執権職になった、建仁三年癸亥（一二〇三）⑥数年でもあるのです。

⑥数年には、日蓮の生年⑦午は、3・6・9の天数系列の⑥の場によって、生命核の⑦数が破壊数となっているのです。

本書でいう破壊数の概念は、我が国が本格的に暦を使用したのは、推古十二年甲子からで、鎌倉期までに何回か改暦がなされているので、たとえ大陰太陽暦であったとしても、ズレが生じて、事象に合わない点が、多々生じていたであろうと思うのです。だから、日蓮にしろ、道元にしろ、同じ天台系の流れを汲んでいるので、道元が「道」と表現したとしても、使用している天台系の暦では、事象と合わない点が、多々あると思われるのです。

当然、仏典の解釈についても、その内容に現象とのズレが生じていたと思うのです。

決定的な未解は、時間・言語が周期をもって、順逆対応と、巡り来る年と、月・日の時間解釈に大きな、一大欠陥があっても、判読できなかったのは、当時の暦法自体に、時間――それ自体、空間と一体で、周期波動を内包しているという事実が、不明だった所が、致命的ともいえる、未解点ではなかったか、と思うのです。

二十一世紀には、科学が異常に発達した物質と、心を中心視座とした、仏教の教理の在り方との違いは、極に達していますが、鎌倉期の時間座標は、一二〇〇年③申年と、平成二〇〇一年③巳年は、初終の二桁が、$\frac{1\cdot2}{0\cdot1}$と逆数表現となる、千年単位の、時代大変換期を迎えていますので、物心一体、心物一体の大変革期に入ったといえます。その一大変革を進めるための指針となるのが、時・言・場・序の四つのカズタマ理論で、水先案内人となるであろうとの思いが浮上しています。

三つ目の座標は、北條氏が、執権職を手にした、建仁三年癸亥（一二〇三）1＋2＋0＋3＝⑥亥年に、当時の執権・大《3》江《6》廣《14》元《4》―3＋6＋14＋4＝27・2＋7＝⑨から、北《5》條《11》時《10》政《9》―5＋11＋10＋9＝35・3＋5＝⑧となり、⑧の象意は相続、変革を意味する名前となっており、十三世紀の一二〇〇年の原点時場の✳系の縦系列命数軸の⑦―③―⑧に変換されております。この⑧数は、外国である南宋の新覇者であるチンギス・ハンが、蒙古を統一している点事象が、時場との対比で確認可能です。

ここに、さきにも取り上げました、自動的運命（時間）の命が運ぶ、命を運ぶ。その時間が、空間としての他動的運命の、運ばれる命へと流れの軌道が敷設されているのを、発見することができます。

千年後の二十一世紀には、医療に使用する内視鏡に該当する、時間の周期波動によって、再確認することができるのです。

巻末に鎌倉期の原点座標から、図説（19頁）の破壊数と周期波動の一覧表を参考にして、この本を手にされたあなたの目で、ご確認してください。

これから、ダンテの神曲の冒頭に書かれてある、いと暗き闇の世界に該当する、鎌倉山へ登るのですから、未来を照射する羅針盤ともなる、一貫した時針を座標としなければなりません。それには気象の変化によっても進路を見誤らないというような一貫した指針となる西暦年数を、羅針盤にしなければなりません。鎌倉幕府ができた文治元年乙巳から始まって、南朝と北朝に二分された元弘元年辛未の元弘の変により、二卵性の年号となった時点までに、五十四回もの年号変化がめまぐるしいほどにありますので、干支の六十年周期の干支表記だけでは、現象化されるであろう未来は、とうてい読めるものではありません。

この一事からみても、本書で展開する、時象と事象の羅針盤を使用する、理由があるのです。たとえ、釈尊の正法千年像法説にしても、時象・事象に一体観が見られないので、是なりとして、無批判に受け入れる理は、見つかりません。また向きを変えて、後代の天台における一念三千説にしても、また、真言における密教占星術にしても、変化に対応できない、静態論の領域を打ち破る、動態論に変質する、未来を前もって予知する周期波動理論が確立できていません。これまでの論理の延長線上では、あまりにも唯心に片寄っていますので、誰でも知りたい、未来予知へと昇華できないだろうと、考えざるをえないのです。

だが、時系の流れは誤ることなく、不可逆性の一筋に連結される西暦年数は、時代の大転換期を、四桁の上下の数を二つ括って対応させますと、平成十三年は二〇〇一年③巳年から、二〇〇二年④午となり、両極数②により、同極相反する年となるだろうとの事象が、時象の中に織り込まれています。

本書の論点で、干支の支は伝統を受け継いでも、十干は省いているのは、自然数の10は、1＋0＝①の単数に収斂するからです。

10が①に収斂するのは、さきに提示した、①～⑨までの、順逆並列対応によって、仏法の九界論に比肩できるからです。

例を引きますと、日本天台の古里、最澄の『本理大綱集』に「九界は即《そ》く一心」「十界において各々互いに九界の性を具す」と語り、後代の日蓮に至っても、『観心本尊抄』の中で、「九界所具の仏界なり」と、受け継いでいますが、現代の科学観とは、同じ数を取り入れていても、仏教観になる、色心一如の仏法が昇華するためには、同じ「数」の九十理《ことわり》の共通な土俵に立って、論を再構築する時代が来たといえます。

「心」の問題に視点を移した場合に、すぐ頭に浮上するのが、潜在心を見つめていた心理学者のユング（一八七五―一九六九）のことです。晩年に物理学者との対談で語っていましたが、彼もまた自然数の理をおぼろげにも感じていたのですが、結局行きづまってしまったのです。ユングの初心の誤りは、本書で展開する自然数の並列理と時間数の順逆理が不明で、全体把握のまま順だけに片寄ってしまったところにあります。

初心では、フロイトとユングは、恋人同志のように接近していたのに、物理学者と出会うことになる渡米を契機に、相反発して離れたようです。ところが最後まで、その、なぜかの疑問の一点が読めなかったために、一大欠陥が、自らの論理に包み込まれてしまったのです。が、それが分からなかったところに、離別の引き金を自らの手で引いたわけがあるのです。

昭和四十年代に私は、その未解の疑問点を機関誌で発表しております。フロイトも、ユングも破れたりです。

なぜかといいますと、田上理論のカズタマ数理は、心の問題だけでなく、構造論によって、時空一体の論理を展開しているからです。

ご存知のように、現代の化学における元素の周期律はたんなる羅列型で、物質は玉結晶なのに立体思考になっていないだけでなく、個に片寄って全体像が見えなくなっているからです。

現代では、原子の数は、111個まで拡大していますが、この111個は、カズタマ数理の一法界の中に、＋・×形によって把握され、この潜象理によって、色心一如が、近い未来時に可能になるであろうという希望の光を投げかけているのです。

天台法華とタマ思想

「天《4》台《5》」の二字を書きますと、必然的に、画数によって、数の理が浮上してまいります。

蓮華座の八葉を、順流の1～8、逆の8～1、の並列対応に並べますと、その中央部に、4・5、5・4、4・5、5・4の四つの□の方形数理があるのが分かります。

この方形によってなる数は、4＋5＝9、5＋4＝9、4＋5＝9、5＋4＝9、となる理が内包されているのが分かります。加えた数は⑨。方形数なので㊱があり、この㊱と、順流の数を一つ一つ加えますと、㊱となり、逆流の㊱を加えますと、㊲。この72数に方形になる㊱を加えますと、108となり、仏教でいう百八つの煩悩という考え方の原郷が、ここにあったのか、と、理解できてくるだろうと思います。

また横に加えますと、⑨に統一されてあることも分かってまいります。さらにもう一段読めてくるのが、108÷9＝12となり、十二因縁の考え方も潜在に隠れていることも読めてまいります。

さらに、その内奥のヘソの×形のところで、順の中に逆流。逆の中に順流の、メビウスの輪となっているのが、分かってくるだろうと思います。

この基本認識になる、自然数が分かっているか、分かっていないかによって、各種の大乗教典が共通に説く、基本的な考え方で、たとえば、煩悩と菩提、生死と涅槃という、対立するものが、対立のままでなく、対立を超えて、即、一体であるという考え方です。その意味では、地獄の中にも仏があり、仏の中にも地獄の相があるという考え方が理解できないまま、拒絶反応を呼び込む原因ともなりやすいと思われるのです。

なぜならば、鎌倉期から千年後の、二十一世紀では、現代までの仏教用語の羅列表現では、科学の物質観の前には、肉体という物質空間をもっている人間の実存には、無力化する傾向が増幅されてくるであろうと思われるからです。

だから、二十一世紀に再び、新生の物心一如を甦らすためには、どうしても、日本仏教に新風を巻き起こした、鎌倉期の祖師たちである法然・親鸞・道元・日蓮などの、論理を乗り越えるというより、その論理の骨核となっている数言葉から大修正して、過去志向型の意識を浄霊化し、軌道を変えなければならない時代を迎えているのです。

その突破口に位置するのが、日本仏教が花開いた時代、鎌倉期に視点を据えている理由があるのです。

したがって、日蓮から天台系の水流を、道元・親鸞・法然へと遡上し、共通の論点の岩を目標にして論を進めようと思います。

人間・日蓮の命運を数で読む

自分の誕生年月日の時間は、自分では選択することのできない絶対なる生命の座標となるものです。

名前は言語であり、この言語による命名も、自分では選択できないものです。

家系もまた同じで、自分が選択できない生命の時場です。

自分の生命を入れた器である国もまた、自分で選択できない場であり、身近な例をあげれば、郷里です。

私はこの正三角形四面体の原理を、生命核を形成する命心一体の実存を原点とし、かつ、刻々移り変わる時場を、今までの時間論に無い手法で、順・逆・現在今の三点を、自然数の十進法の対応で、さらに個と他との対応の中で、どのように変質するのかを永年追求しています。したがって、そこでは、すべて実践して、現証しています。だから、この現証を台座として、鎌倉期を生きた、日本仏教の担手である、祖師たちに照明をあて、日蓮より、歴史を、鎌倉期発祥へと、時計を逆行させて、一つ一つ、現在までの論拠の正否を、光源移動により見えなかった影の面を光の中に映し出したいと思います。

日蓮は『撰時鈔』の中で、「まず時を学ぶべし」と語っていますが、その論点の「時」はどのようにして学べばよいかの重要な点は語っていないので、そこから、日蓮の未解部門である、自分自身の命の誕生年に命名された「善《12》日《4》麿《17》」の画数は、12＋4＋17＝33⑥に光をあてます。

誕生は貞応元年（一二二二）一月十六日となっていますが、この年は承久から貞応に改元されていますので、狂いが月日に生じていますから、ここでは採用しません。その当時は太陽暦は使用されていませんが、年の方は、狂っていませんので、年号表記でなく、西暦の一貫性になる年数を採用しました。

西暦一二二二年壬午で、１＋２＋２＋２＝⑦午年が誕生年です。破壊数は⑨×・③×です。

父は貫《12》名《6》次《6》郎《10》重《9》忠《8》（貫と郎は旧漢字）で、家系は単数⑨で、息子の善日磨の誕生年⑦午では、財産を象徴する酉の場で、⑨×破壊となっているので、父は財の破局を受けたことが読めます。

（×印は破壊数の記号）

母は梅《11》菊《12》で名数は11＋12＝23・２＋３＝⑤（旧漢字）

善日磨が母の胎内で受胎したのが、前年の承久三年辛巳で西暦一二二一年の承久の乱で、１＋２＝③×、２＋１＝③×となり、③×破壊の凶性を帯びた生命質を受けていることが読めます。

③×破壊は感情抑圧と激情型が内生しています。

この二つの破壊数が、成長後に、潜在に作用し続け、たとえ命核に、⑦・②火局の知性、直観力の抜群の知力が生育したとしても、行くこと、やること、全て妨害の法難にあった素因は、ここにあったのです。

それを象徴するように、西暦の統一数は、一二→←二二と二桁同志の衝突数が生成されています。

その衝突の素因は、１＋２＝③×　２＋１＝③×が象徴する口撃にあるのです。

良かれとしたことが、自分の言葉を象徴する③×破壊が、⑨×破壊の熱気を帯びて、一方的に、自己の正当性を、押しつけたところに、善言が悪言となって、我が身に、ブーメランのように、はね返ってきたのです。

また⑨×破壊は誤認する象意があり、法難を受けるのです。あまりにも急ぎ過ぎたようです。内なる時が読めなかったところに、一大病巣が内生し、自律神経障害から、神経系胃腸疾患を、晩年引き起こした素因も、ここにあるようです。この病因を引き起こしたのが、ヒゲ曼荼羅で、右から左下へ筆先が長く伸びる筆跡が、よく証明しているようです。

この／傾線に伸びる筆跡は著者も過去に体験しています。まったく同じ線描です。

運命上で、どの年齢、時期に吉凶が潜在から現象世界に浮上してくるかは、さきに書いた、誕生年の⑦午年を原点座標として、七年周期で、波動数は順⑦午から⑧未→⑥申と流れ、逆⑦は⑥巳→⑤辰と変化し、順逆並行して時場が変化していきます。

この変化する時間解釈は日蓮だけでなく、天台系、真言系の仏法理論は、未解のまま静態論の中で、固定観念から一歩も出ることはできませんでした。

動態論となりえない宿命を背負って、どこまでも、文献の中を手探りで、鎌倉期までも、自己だけは、本物だと虚勢を張っていたといえます。日蓮もその中の一人です。

　善日麿が出家得度したのは、三回目の周期である、順⑨《×》申・逆⑤辰の周期の十二支が、水局軌道に変質した、一二三六年③《×》申年から一二四二年⑨《×》年までの七年周期内に入って、二年目の一二六七年⑦卯年で、法名を「蓮《15》長《8》」に改名しております。名数は15＋8＝23・2＋3＝⑤で、生年⑦午と十字形象なり、行動化の強引性を引き出す素因ができています。

　この時場が形成されたことにより、生年の命核⑦数の独創的、直観力、理論、緻密な計算、平和を求めようとの、法華経一筋に、これしかないと思い込む素因に火が点火しています。

　その反面、名声欲、競争心理をも刺激する凶性も呼び起こしているようです。

　本質を目覚めさせてきたのが、周期内の曲折年の一年前に当たる、仁治二年（一二四一）⑧丑年という思いもしない時に、鎌倉を不意に襲ってきた、大地震（現在でいうM7強）が発生したことです。蓮長が鎌倉に遊学していた時、不意の出来事に遭遇したことから、居ても立ってもおられない心の衝撃から、徐々に行動化が始まっております。

　前周期末の天福元年（一二三三）⑨《×》破壊年に清澄山へ入っていますが、改暦が一年たらずで、何回も変わった時期に、地元の清澄山寺に入山した時、薬《19》王《4》麿《18》と改名しておりますが、改名して二年後に、周期が変わって、運命に作用するだけの命理が根づくまでに至っていないので割愛しました。改名の効果は、基本的には六年ほどしないと、根づきません。薬の漢字は、旧漢字で計算してあります。

ここで注意書きを挿入したのは、唱名思想にも関連するからです。

次の四回目の周期は、順①酉・逆④卯が、西暦一二四三年卯から四九年⑦酉で、周期の十二支は、①酉・④卯の順逆対応期で、冲作用により、精神世界が大きく変化する前触れが生じやすい時期を暗示しております。

それを暗示するように、期初めの四三年は①卯年で、期終わりは四九年⑦酉で、仏法でいう、十法界の十如是における「本末究竟等」を思わす、十二支場の反転を示しているからです。また老子の「冲《ちゅう》をもって和を成す」考え方も、この四回目の周期に内在するからです。

いよいよ蓮長の出番がやってくるなという予感が、周期波動図を眺めていますと、ヒシヒシと感じられるからです。

といいますのは著者が夢で、大海を前にして、朝日の昇る寸前に、断崖に座禅して、水平線上に顔を出す旭を見た、そこから神霊《かみ》の導きによりカズタマ開眼し、眉間に第三の眼を戴くと同時に、亀甲が無数に重なり合い、その中に神霊《かみ》が昇ってこられた様を黄金色で見せられた事と、二重にダブッた、映像が内生するからです。

私が私を見た神夢はすべて黄金色の中の映像ですから、この時点から、カズタマの三重構造、周期波動、亀甲になるベンゼン核の結晶、名前（言語）の周期、吸引と結合、反発と反転などの原理を、毎夜学ばされた止観が、生々しく甦るのです。

蓮長の五回目の周期は、一二五〇年建長二年⑧戌から、五六年⑤辰までが、順④戌・逆③×寅となるまでの七年間が、人生の中核を形成する時です。この戌と辰の対冲作用は、命核の位置が移動する、大変革の到来を示しています。

善日麿の誕生したA.D.一二二二年は⑦午年で、その時間座標から、七年周期で読むと、周期は午と呼び合って、火局する戌・寅と変質して、生まれて最初の火局軌道が形成され、命質が火気による火溜《ひだまり》の坩堝《るつぼ》が形造られた時期です。本質に持つ英知が動き出してくるのです。

内なる生命よりの呼びかけに、待ってましたといわんばかりに、命核の⑦と②火局吸引する、建長五年A.D.一二五三年②丑四月二十八日（旧暦）なので、太陽暦に換算しますと、五月⑨巳月に、月日反転となって、原質に内在する午の場に在る②が⑨に変質したのです。

当然、命核の⑦数は⑤が絡んできますので、不動心、完全性を求める、進歩的な先見性能が作動するようになります。思わなくても、自然に内奥から火が燃え上がるように行動化してくる、生命環境となっております。

この生命環境から、周期内の②丑年に、自己の出発点である、清澄山の旭ガ森から、昇る太陽に向かって、南無妙法蓮華経と腹底から息吹き出すよう、お題目を唱えると同時に、立宗を宣言し、以後、法名を「日《4》蓮《15》」に改名しています。（蓮は旧漢字の画数）

法名の日蓮を指示する漢字の19画の19は、太陽の日月一体観を悟ったのかもしれません。

直観把握になる「日・月」は、晩年に至って、華の中に日・月を挿入した造字表現が、この潜在に内生したであろう心意識をよく証明していると思うのです。

後日、父母が息子日蓮の最初の仏弟子となり、妙日、妙蓮と名づけたのも、この時の想いからだろうと思います。だが惜しいことに名前と一体化する時場と数には、気づいていなかったようです。

五回目の周期内の、一二五三年から五四年にかけて、大火が鎌倉を襲い、多数の死者が出たことを身近に体感しており、恐れの心が起こったことと思われます。

この二大災難を体感して、恐ろしさを身に感じたからこそ、『災《7》難《19》興《16》起《10》由《5》来《8》』『災《7》難《19》対《14》治《8》鈔《12》』

(旧漢字) を、周期が変わった一二五七年からの順③×亥・逆②丑の五九年正元元年⑧未年に著作ができたと思うのです。

当時の日蓮には、顕在意識では、自分の生命波の潜在意識の中では、どうにかしなければならないとの思いつめた深層心が、必然的に、③×・⑧木局吉化へと導いたと思えるのです。だが、当時の日蓮には、その自覚を、数理の上にみることはできません。なぜかといえば、その年の⑧未年には、著作するのが精一杯だったと思えるからです。

周期では、生年座標の命核によってなる③×の破壊数が象徴する恐怖心が浮上しているからです。この恐怖心が著作に向かわせているからです。

当時の仏法理論では、大難を自ら呼び込む行為となろうとは考えられない、読めない、未知の時の領域だったのです。

未知の領域とは、承久の乱が起こった年から日蓮の小松原法難までの四十三年間のうちに、年号が、なんと十八回も改暦されていることからみても、社会がいかに動乱・混乱期を迎えているかが、当時の鎌倉幕府の動揺をよく映し出しています。

この動乱期がさらに不安、混乱を引き起こしたのが一二五四年③×寅年で、幕府ができた年の③×破壊と、日蓮の生年⑦午と吸引して、日蓮の潜在に内包されている、③×と共鳴すると同時に、反発を引き起こす要因が生成されています。

日蓮が鎌倉で辻説法を始める前年に、鎌倉の材木座《7 4 18》（③破壊）の名と、年の③が、同時に現象世界と、日蓮の潜在破壊性が、同数共鳴を引き起こす、大火が発生しています。同数共鳴して、吸引と反発が、内と外に同時同発する要因が、映像化されているのです。この世情の③と火災⑨と、二つの凶性が生じたのを、当時の日蓮は見落としています。いや、見落とすというより、身近の事象にとらわれて、深く考える余裕が無かったのでしょう。

動乱・混乱期には、悪いことが重なるもので、暴風雨、前回の大地震より大きい地震（M7～7.5）、大火が、たてつづけに発生しています。

この世情に共鳴するように、日蓮は行動を起こしています。

五八年、日蓮の原点時の⑦午年に、鎌倉の寿福寺が焼失。大水害が発生しています。

鋭敏に反応して、実相寺《15 9 6》（③破壊名）に入った翌年、三冊の著作を書き上げています。

すでにこの時には、命質は六回目の周期、順③亥・逆②丑となっており、日蓮は③破壊入りしているのです。当然、一二六〇年⑨破壊年に『立正安国論《5 5 6 11 15》』を幕府に建白提出していますが、ここでも出る時象を誤っています。

この時は、鎌倉幕府が開かれたA.D.一一九二年④子年から、四年周期で追試しますと、六一年から、順③巳・逆⑤未の周期に変質しており、政治の圧力⑤で握り潰される結果となったのは、必然の時と時の凶数吸引反発を、自ら求めております。

　これらの時概念からみて、元寇を予言したとは思えないのです。

　予言という未来予知の論理の基本である、何時か？　が認識されていないだけでなく、どの場所に襲来するのか？　の場の認識も欠如しているので、いつかは起こるだろう程度で、たんなる「だろう式」です。

　この人生最大の曲折点を読めなかった苦汁が、晩年、身延に入山した時に書いた『撰時鈔』の冒頭で、「それ仏法を学せん法は、必ずまず時をならうべし」と書き残したのは、その心底に時に対する未熟さが分かったからだと思います。

　それでは、時は分かったかといえば、日蓮が事象を中心視座とした点からみても、『御義口伝』に「已《い》とは過去なり、来《らい》とは未来なり、已来の言《ことば》の中に現在は有るなり」と語っても、やはり、漠然とした静態論の時・言の表皮を脱ぐことは、現時点ではできていません。どこまでも、静態論の一面観であり、多面・動態になっていないのです。

　日蓮が伊豆国伊東へ流罪となったのは、弘長元年（一二六一）①酉年で、六回目の周期波動では、順③《×》亥・逆②丑で、日蓮にとっては、凶運期入りしており、かつ③《×》の波動により、①《×》となる年に、①《×》破壊の象意、水難が生じましたが、逆②丑により、十二支場の酉と逆波の丑は潜在で吸引しており、狙岩《9 8》―17⑧によって、③《×》は反転吉性化する時間帯であったことが、また助かる素因が形成されていたことが読みとれます。

フッと脳裏に浮上してきたのが、後代の江戸時代に剣法日本一の覇を競い合った、巌流島の決闘における、武蔵と小次郎の生死をかけた争いの様が想い起こされます。

武蔵が決闘前に、潮の流れを前もって計算していたように、日蓮も南無妙法蓮華経を、不動心で唱え続けるのに、潮の干満を、船でつれて来られた時、頭脳鋭敏な日蓮は読んでいたように思えてなりません。題目を唱え続けることによって、時間稼ぎをしていたのではないだろうか、との違った思いが横切るのです。

それを裏づけるように、漁師の弥三郎《18 3 10》（旧漢字）名数④は、日蓮の原点に内在する⑨《×》破壊を④―⑨金局吉化をなす、媒介の役目となっているからです。そこに運ばれる命と、運ぶ命の命理を、如実に見ることができます。

後に日蓮は、弥三郎夫婦に、「船守《11 6》」17⑧の姓を与えたと言い伝えられていますが、ここにも数の原理は無意識の内に機能して、日蓮の水に縁ある子の場の③《×》破壊が、木局吉化する因子を作っております。この潜在における数の呼び合いこそ、破壊即建設の原理原則どおりに事象となっております。

日蓮には、命核⑦と呼び合う唱名になる信仰は②数の象意となって、午の場で②・⑦火局する磁力を生じているのです。だから、日蓮には、不思議と思われる出来事より、凶変じて吉となる出来事が、多数ある素因は、誕生における生年⑦午と、午の場にある②との共有にあるのです。ここが霊線の電源となっております。ここから、卍の霊線により、巡り来る周期と、事象となる時象の吸引作用によって、不思議現象が多発しているのです。

日蓮は晩年、九回目の周期に入ると同時に『撰時鈔』で「時をまずならうべし」と書き残した理由も、苦難を通って実体験したから、仏法の上に時を位置づけたようです。

どのように時を上位に据えたかは、命質が満配となる九回目の周期の前半で、その縮図のマンダラをいかに固定化しているかが、まだ来ぬ近未来時に、どう命運上に描かれているでしょうか。その近未来時の動向を前もって読むことは、時間を飛び越すことはできませんので、動から静へと移り変わる七回目の周期を飛び越えることは、時間が止まりますので、順列による周期七回目は、順④子・逆①子の文永元年甲子④子年、執権・北《5》條《11》政《9》村《7》の代から絡んできます。

日蓮の伊豆流罪が赦免されたのが、六回目の周期が終わる一二六三年③《×》亥破壊年となっていますが、破局作用は生じず、逆に吉化した理由は、凶変じて吉化する極限にあったことにより、生年⑦数は、午の場に回座して、原点にある②数と、②―⑦火局吉化している法を象徴する⑨×破壊が反転したからです。

七回目の周期は、一二六四年から七〇年までの七年間で、周期波動は、順④子・逆①子となり、誕生年の原点座標の⑦午とは、⑦・④子・①子となって、時間数は人数系列上で完全に満配となり、上昇の動から、下降の静、易学的に説明すれば、陽動から陰性化する時質変化を示しています。その意味では、日蓮の生死の分岐点を示す周期となっております。

それを先取りするような事件が、またも日蓮に襲いかかってきます。一名、小《3》松《8》原《10》法難といわれた事件です。

その事件は、周期入りした一二七一年②未年で、日蓮にとっては、救いの神であり、仏である生死の別れ目となる年ですが、ここでも原点座標⑦と相互に時の②とが吸引吸合しているのです。

自己の内なる時と、動における内なる時と、その奥にあるもう一つの時と、点時象としての内・外一体の今中《いまなか》の時により、運ぶ命と運ばれる命が、文永元年甲子（一二六四）④子から、同七年庚午（一二七〇）①午までが、周期波動では、原点⑦午が変移して、変質の順④子・逆①子となり、時間数は⑦・④・①の人数系列化して、その基底に統轄する時核が、③×数化し、化生しているところに、日蓮が死の断崖に立たされた、小《3》松《8》原《10》（3＋8＋10＝21・2＋1＝③×）の原点に内在する子の場の③×が反転したからです。

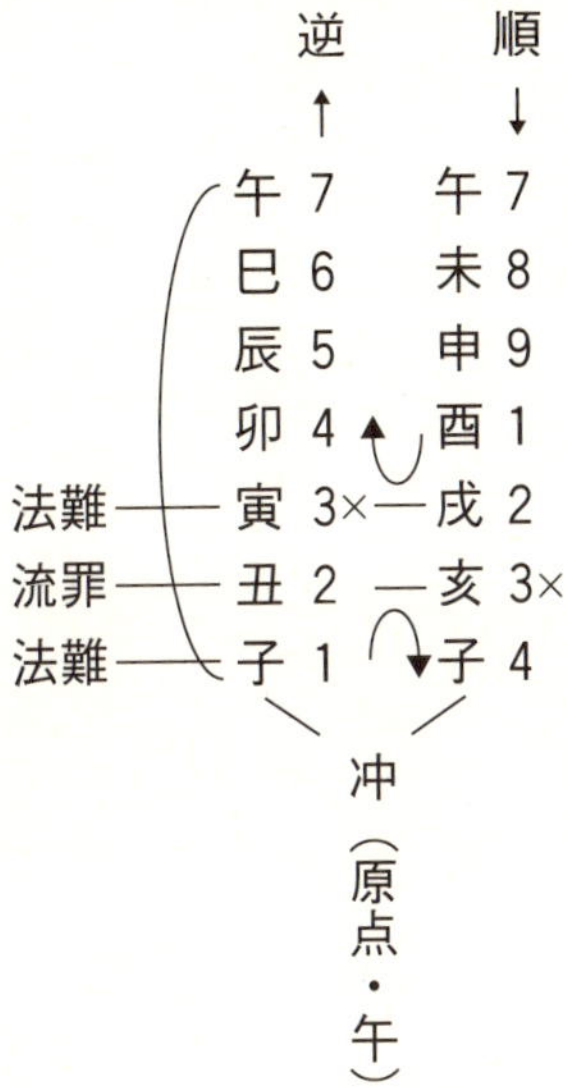

右の並列対応における十二支場の生命流の反転は、鎌倉期までは不解・不明のままです。たとえ十二支観における冲作用は理解されていたとしても、どこまでも固定観で、動態機能は未解のままです。なぜかの理由は、並列対向になる、周期波動が内在していようとは、たとえ、時・事の二つの概念があったとしても、文献上の解釈で、現象感が欠落したところにあります。

このことは、一人、日蓮だけでなく、天台系の祖師たちも同じです。たとえ十法界・十如是・三千世界を説明しても、どこまでも、説明のまた説明で、真理解明には、ほど遠いといえます。

ただ不思議なことに、日蓮は小松原で一命を取りとめて、約四年間は小休止といえる時間帯であることは、波動数①がよく象徴しており、①の象意は休むという意味もあり、④は小旅行という象意もあります。この①・④の波動数は、なんと、四回目の周期、順①酉・逆④卯と、潜在の深層でつながっているのです。

時期はA.D.一二四三年①卯から、四九年⑦酉年までの七年間で、当時の蓮長は、比叡山に遊学しており、その時に、近畿を歩き回っております。

その行動を絵に写したように、七回目の周期では、四年間もかけて、現在の千葉県と隣接している、茨城県の一部、当時は、安房・上総・下総一帯をくまなく、法華経を布教して回っています。

だが、四年を経過する六七年⑦卯から、徐々に動乱の鎌倉へと、引き戻されるために、腹の底から、何かが再び動き始めております。

この年に母妙蓮と死別しております。

翌六八年（一二六八）文永五年に、再度、『立正安国論』を建白しております。時の執権は北[5]條[11]時[10]宗[8]で、日蓮の⑨破壊をもっています。だから日蓮が力んでも、このたびも黙殺されています。

幕府方はそれどころでなく、一二六八年には、蒙古から鎌倉幕府宛に国書が送られてきたのです。その内容は一方的で、強圧的な内容だったと言われています。

「元」の命数と鎌倉幕府

蒙古（改名後・「元」）と鎌倉幕府を数で切り開く大陸の覇者、チンギス・ハンが蒙古を統一したのは、A.D.一二〇六年建永丙寅（一年だけの年号）は⑨寅年で、破壊数は④と⑥を内包しています。周期は九年周期で、南宋を滅ぼして「元[4]」と国号を改名しています。

さすがのチンギス・ハンという世紀の覇者も、時と言語の結びつきまでは、読めなかったようです。——攻めの頭打ちを、自らの手で引き寄せたのが、周期で反転型となる七回目の周期、順⑥申・逆③申となった六〇年⑨申年の原点反転する時に、わざわざ獣落としの目に見えない穴に落ちるために、足を踏み入れているのです。

話は変わりますが、戦後日本がゼロから経済発展をなしとげ、ジャパン・マネーと羨望と恐怖の複雑な心理が、上から下まで燃え上がり、押せ押せムードを醸成し、昭和から平成に年号が変わった昭和六十四年（一九八九）一月、天皇崩御により、年号が昭和から平成へ変わった時代と二重写しに、ダブリ現象化の虚像の蜃気楼を実像と錯覚して、株価38915・87円を大天井として、平成元年十二月末に大暴落して、以降、良いところなしで、下げ続け、二十一世紀に入った平成十三年から、日本経済は奈落の底へ向かっていますが、この恐怖の年を迎える結果となることを、すでに、鎌倉期の一二〇〇年代より六百年後の一八五四年安政元年の日米和親条約からの周期波動、また日本経済の最初の経済恐慌が起こった明治二十三年（一八九〇）⑨寅年から、官財学の三つの権威も読むことのできなかった、昭和の石油ショック（S・48）を、周期波動の田上理論によって、日本で初めて予知したのは、私です。（拙著『倒産予告』参照）

私が本書で鎌倉仏教を採り上げたのも、源頼朝が幕府を開いた武家社会の初めと、A.D.一二〇〇年とが、千年単位の時代大変革期を迎えていることが、戦後、ゼロからスタートした日本の命運と、鎌倉期とが相似をなし、かつ、大陸の大国・蒙古を、統一したチンギス・ハン、日蓮が『立正安国論』を書いた文応元年（一二六〇）が、蒙古の世祖フビライが即位した年と三重写しになっているので、日蓮が元寇（文永の役）を予知し、前もって予測したとの、後代の美化した虚像が、時間の周期波動（現代科学でも未知）で、その正否、虚像と実像をどのように照らし出しているか、日蓮すらも、乗り越えられなかった時の壁は、さきに書いたように、私の霊能による「日蓮破れたり」の発言をも踏まえて、正像の予知とはどうあるべきかを、白日のもとに映し出したいと思います。

筆記の流れが、曲がったように思われますが、そうではなく、一本の時間流の中でとらえられメビウスの輪のように、切れたと思ったことが切れたのでなく、彎曲《わんきょく》して繋がっている事象が、これからの説明で理解できてくるだろうと思います。

蒙古は、一二七一年②未年に、国名を「元」に改名しています。周期波動は、原点時場からみて、八回目の周期、順⑦酉・逆②未となった時に、潜象を映して、逆②未の年に改名しているのです。

その②未年の破壊数は、⑤×と⑧×の破壊数が巡り来た年の破壊だけでなく、波動の逆②未と連結されており、原点時場の東西の横軸にある、物質化の欲望を引き出す役目を担っております。

都は大都$\frac{3}{11}$（北京）破壊数⑤×の国名です。

平安時代から、日本独自の仮名が使用されていますので、ひら仮名を使用し、時間場を記号化しますと、次のようになります。

時間場 ― あいうえおかきくけ ― 卍の数理参照のこと。（局所場）

反転

寅⑨ 1 2 3 4× 5 6 7 8 ― 蒙古統一（一二〇六）丙寅

※○は西暦年数を示す。

未② 3 [4] 5× 6 7 8× 9 1 ― 国号「元」に改名（一二七一）辛未

※[4]は元の国名数、都を大都（北京）に移す。

火局

酉⑦ 8 9× 1 2 3 [4] 5× 6 ― 順波⑦酉

※×印は破壊数を示す。

右の三つの並列対応の、「あ⑨寅」の時間座標一二〇六年は、固定化され、九年毎に変化する周期を内包しており、順逆対応により変位します。この時間数は、天数系列の⑨・⑥・③と連結され、七回目の三十六年間の一回転の最後の年、一二六八年⑧辰年をもって、国の体質が、寅―申対応の支により、無意識のうちに変化することを示し、その曲折の時代の幕開けを示しています。

この新しい時代の幕開けの証として、国名を改名して「元」となりますから、それ以降大回りでは九年、小回りでは二年の二卯性の国勢が、自動的に作動します。二卯性が内在していることは、行動が一度では終わらず、二度とか、二股とかの、二分的行為が、回り来る年と吸引する年に、現象化することを、暗示しています。

元の国名は④画数で、改元した年の財運を象徴して、酉の場にあると同時に、通商をも表しています。気象の暴風雨が、⑤と④の吸合で、鎌倉期の文永十一年甲戌（一二七四）⑤戌に、④数が破壊数となる旧暦十月戊（太陽暦では十一月⑥亥月）に、元軍が大和国の対馬壱岐に来襲し、ついで九州に上陸するも夜、暴風雨が発生し、軍船多数を破壊して退去した、その文永の役となった事象は、日蓮説以前の文永年間に入ると、旧蒙古は三度、元となってから、たてつづけに二年間も国使を送っていますから、予言とか警告とかとは、次元が違っているのです。

予言の力があると仮定した場合、鎌倉が幾度も、水害、火災、地震に遭って、多くの人命を無くした災害を、どうして予言・警告をしなかったのかの、疑問が生じます。

もし力ありとした場合、一番大事なのは、何時か？　の時間設定ができていなかったということは、後代の人たちの、誇大表現ということになります。

文永の役から七年後の弘安の役（一二八一）③巳年は、日蓮の命質に内在する③破壊なので、本稿では省きます。その理由は、日蓮が死亡する一年前で、病身であったことが理由です。

七回目の周期は、順④子・逆①子の周期は、動の日蓮から、静の日蓮に変質した、人生の大きな節目となっております。

八回目の周期は、順⑤丑・逆⑨《×》亥で、期初めの文永八年（一二七一）辛未②年に、日蓮は幕府の問注所に呼び出され、「御成敗式目」第一二条の「悪口の科」で、佐渡への流罪が決定されています。この罪科も③《×》破壊です。

②未年は、日蓮の八回目の周期初めで、順⑤丑により、未の場で②《×》破壊に変化変位しております。

七回目までの周期では、②数は吉性化しているのが、原点の⑦午と④子の十二支が縦系列で、対向反転したことにより、吉が凶に変質しているのです。

皮肉にも、一二七一年は、海の向こうの大陸の覇者である蒙古が、国号を「元」に改名して、その主都を大都（現在の北京）に移して、我が世を謳歌しています。

これに引き替え、法華経の行者日蓮は陽から一転陰へと、生から死へと、急下降が始まっています。

後に竜の口の法難と呼ばれている、死の断崖へと向かっていた時、日蓮は馬（午）から飛び

降り、鶴岡八幡宮に向かい、（物事逆転の相）

「八幡大菩薩に申すべきことあり」

と叫んだといわれています。日蓮は午年生まれです。

「今、法華経の行者日蓮が捕らえられ、首を撥ねられようとしているが、なぜ？　八幡大菩薩は日蓮を守ろうとしないのか」

死の恐怖におびえながら、神も仏もあるものか、自分は正しいのにと、自己正当化の、エゴ丸出しの姿を浮き彫りにしております。

著者はここに日蓮もやはり人間だったのかとの、思いが浮かんでまいります。言うまでもなく、鎌倉期は法華経国ではなく、法治国家であることを、忘れ去っているところに、才子才に倒れるの喩えのように、自滅への道を選んでいます。

なぜそのように言えるのかといえば、日蓮の法名に改名した建長五年（一二五三）は、②丑年で、八回目の周期と、改名年②丑年から、偶数年なので、周期波動は逆回りが表に出て逆行化するところから、やること、なすことが、すべて逆になる現象の正体を掴めないままに推移しています。

その反面、強気の性格は、ことごとに顔を出しています。

元冦（文永の役）を予言？　したといわれる問題にしても、七年前から、当時の蒙古から、国書が幕府に何回も呈出されているので、予言ではなく、情報分析の予測ではあっても、「いつ」という、一点に集約されたものではありません。

厳しいようですが、赦免され佐渡から鎌倉へ帰って、幕府からの要請で、評定所に出向いた折、対面した平《5》頼《16》綱《14》（5＋16＋14＝35・3＋5＝⑧）は日蓮と改名した時の⑧×破壊をもつ人物です。

この時の質問に答えて、日蓮は「年内には襲ってくる」と言明しているだけでなく、「真言師ごときが敵国調伏を祈るなれば、日本軍は負けるだろう」とも言明しております。

事実はどうでしょうか。

当時の暦では、十月五日、蒙古軍は対馬を、十四日には壱岐を、十九日には博多に上陸。二十日の夜半、大風雨が発生して、敵軍の軍船は難破、一万三千五百人が死んだと語られていますが、合戦の記録は、現在ほとんど残されていないといわれています。後代に至って、「神風が吹いた」との説も、眉唾物で、信じるにたらないものです。

予言の疑問点の採決は、この一点からみても格下げで、予言は不発となります。事象に合わないのです。

私事で、場違いなので申し訳ありませんが、「予知」とはどういうものかの例として、昭和四十八年（一九七三）の時間数が、日蓮に改名した時間質と共鳴しますから、戦後の日本経済を混乱に陥れた石油ショックに関連して、この年の二月の経済講演で、特に外国との関連で、大きな経済変動が「八月から十一月まで」の間に発生する恐れがあると発言しました。

また四十九年二月、三月の講演では、米国のニクソン問題にもふれ、八月には幕を閉じるだろうと発言しました。八月に入ったとたんやめたので、ズバリ適中しております。（拙著『倒産予告』参照）

この例に見られるように、予言というものは、時間論を無視しては成り立たない絶対場で、イエスかノーかの一言につきるのです。

予知が一番難しいといわれる株価動向では、米国ニューヨークでは、七〇％当たれば神様だと言われているのですから、千年前の日本の鎌倉期の法華経行者の発言は、今と時代が違い、当時の人々にとっては、驚くべきことだったと思われます。

だが、二度目の元寇（一二八一）は、また元軍は暴風雨のため退散していますが、「他国侵逼難《しんぷくなん》」を予言して、国家が法華経への改宗を急がなければとの発言は、逸脱しているから、後代の弟子たちの思い入れだったのかもしれません。

二度目の元冦は、弘安の役が、当時の暦では五月から七月（閏）で、病状が悪化しているので、常陸国に温泉療養のため、後代の東京都大田区で足止めされて、弟子たちが集まっています。この時に誇大表現されたのかもしれません。なぜかと言いますと、何時かの時間認識が欠如しているからです。

厳しいかもしれませんが、予言・予知は曖昧さを拒絶するからです。

日蓮自身の大変革

日蓮の原点時場からの周期波動は、八回目のA.D.一二七一年文永八年辛未から入っています。②未年です。

この②未年は、周期の順⑤丑の破壊年に当たり、逆⑨亥は②数が日蓮と改名した年の②が原点の局所場にある⑨破壊と重合し、二股に分岐することを暗示しております。

玉突き現象で、佐渡へ流された文永八年は、時間数では②未で、周期の順⑤丑とは、相互に運ばれた時間変質により、②・⑤の二重の破局場を形成しているのです。

この運ばれた命の命質変化は、法華経では読むことはできません。

『開《12》目《5》鈔《7》』は佐渡へ流された年に著作した二巻本です。題名数は（12＋5＋7＝24・2＋4＝

⑥）⑥数で、完成したのが、翌年の文永九年（一二七二）③申年で、日蓮の原点にある③×破壊年に当たります。だが、周期波動では破壊が変質して吉化しております。

命核の位相を変えたのは、佐[7]渡[12]の島名19（1＋9＝10・1＋0＝①）で、日蓮の誕生年の⑦午年に内在する、変革を示す時場の⑦午「え」にある「え①」を示していますが、島名の画数19は、日月交会の十九年に符合するだけでなく、出雲大社の社域内に、東西に対応してある、十九社の原理を写した島名でもあり、また、伊勢神宮の東西の神殿建て替えの原理も、十九年であり、①～⑲、[19]～[1]の順逆対向理そのままでもあり、その中心に形成される、⑩・[10]も、仏法の十法界十如是の原郷でもあるのです。この深渕の理を、厳冬の中にたたずむ、墓地内にある、あばら屋「三[3]昧[9]堂[10]」（3＋9＋10＝22）。22は11・11でもあり、十一部のタラマンダラでもあるのです。その意味では、三昧堂は「七」を象徴する亀甲でもあり、南無妙法蓮華経の七字の母胎であったといえます。

だから、『観[18]心[4]本[5]尊[12]抄[7]』を著作したと思うのです。その意味では、共感を覚えるのも著者が我が身を振り返って、画家から数霊開眼した昭和三十四年（一九五九）⑥亥年より、平成十一年（一九九九）①卯年まで、苦節四十年、天地《てんち》・亀《かめ》の理四十年を体感するまで、谷あり山ありを繰り返しながら、「時間・言語・場・序（序列）」に、「物《もの》・霊《もの》・心・命」の④・④並列の二種一体の自然律を体認しております。

一言でいえば、無からの出発です。だから、日蓮が佐渡に流罪となり、墓場に囲まれた中の「三昧堂」の在り様が、我が身と二重映像として映るのです。

二重映像に絡んで、日蓮の謎の文字表現があります。

一つは、南無妙法蓮華経の中にある「華」字に、日・月を組み込んだ、なぜかの深意は、日月交会の原理を、四画の「日《4》」と「月《4》」を写し取る、デザイン感覚は、誕生年と、日蓮に改名した時が合わせ鏡となっております。数では、⑦と②の火局軌道で、日《ひ》と霊《ひ》の結びの神道観を、そこ（底）に見るのです。

二つ目は、日蓮が佐渡へ流罪となった時の最初の著作である『開目鈔』の中に書かれた、「数々《さくさく》」の数詞を表現しているのは、「なぜか」「何を」の疑問は、天台系の学僧、民間の学者は、誰一人として、理解されていないようです。

「此の二字は、天台・伝教もいまだよみ給はず。況《いわん》や余人をや。末法の始のしるし、恐怖悪世中《ちゅう》の金言のあふゆへに、但日蓮一人これをよめり」と、胸を張っております。

この文の観点で大事なのは、「中の金言」ですが、その金言がどこに在るかの理は語っておりますが、手の内は見せておりません。

生死の境にあった三昧堂の中に在る日蓮は、鎌倉期の日蓮の、したたかな意志力と、顕示欲とが三昧堂の中に在っても、心底に我の命と法華経とを秤りにかけるしたたかさを持ち続けています。

だから、「当世日本に第一に富める者は日蓮なるべし。命は法華経にたてまつる。名をば後代に留むべし」(『開目鈔』)と書き留めたのだと思うのです。

だが一つだけ、「数々」の数・数の並列表現の謎を解く鍵が、後に、身延山に入山して、仏教の殿堂・仏像・教典信仰を取捨して、山全体を、自然・神・仏の一体化を具現するために、既存の仏教の在り方を越えて、胸つき八丁の「丁」の灯籠の数、七面大明神の手に「鍵」と「法珠」の仏教演出の手法は、見事といわなければと、思います。

極め付けは、なんといっても、急斜面にある二百八十七段の石段である「菩提梯《ぼだいたい》」で、ここには空間を象徴する正四角形六面体の、一面に断面四五度の対角線を、想念に入れていたのではないか、との思いが生じます。とにかく憎らしいほどの空間芸術を展開していることに気づいたのは、著者がカズタマを開眼するまで、画家であった目が読み取ったのです。

菩提梯の石段の数を単数化しますと、2+8+7=17・1+7=⑧の八葉蓮華座の二弁一体の霊座となっているのです。

言うまでもなく、天台系の流れを汲む日蓮は、八葉が言語を象徴することは、すでに知っているはずです。日本数詞では、九十場《ことば》でもあるのです。だから「丁」を刻印した灯籠そのものが、数言葉となっているのです。

知性の固まりのような日蓮は、『万葉集』に事霊・言霊の二種表現があることは、すでに知っていたと思われるのです。万葉の歌人・山上憶良に関わる、山上臣船主の名に見る「船主」と、日蓮が伊豆に流罪となったとき、俎岩より洞窟へ導き、命を救ったといわれる漁師・弥三郎に、お礼の心をこめて「船守《6》」の姓を与えたという説話と、「船主《5》」とが、想念でつながったのではないだろうか、と思えるのです。画数の⑤と⑥は、自然数の中で、生と死の陽と陰とが互換するからです。霊数《たまかず》では、洞窟は⑩数が象徴するからです。

⑩数が生じることは、その順逆対応理の和数字で表記する「十九」で、日月交会により、その中央に⑩・⑩が内生する太陽の道である軌道により生成されるのであります。

佐渡の島名十九と、墓地の中の三昧堂の一点と、南側の小佐渡、北側の大佐渡の地形の有り様は、科学観になる、メビウスの環の地相を形成しております。だから、彎曲に似た峠越へは、片面が断崖となる地相となるのです。この彎曲の地相の中の一点を専有した日蓮は、無からの出発、死と生への脱皮が、鎌倉期の甲冑を身にまとった戦士の日蓮から、佐渡の回帰点を通ることによって、自然体としての新生日蓮へと再生する、時縁を通過することによって、身延山に地縁を得ることができたように思います。

その通過の峠である、断崖を想起した想念が、天地を結ぶ柱をイメージして造形化したのが、「菩提梯」の石段だと思うのです。だから「梯」の一字を取り入れたと思えるのです。文字の画数は、11画となっているだけでなく一→一〇、一〇→一の十進法の自然数の在り様が理解できるまでに、心底で、生育され、昇華されてきたのでしょう。そこに、「菩提薩埵《ぼだいさった》」下二字を切り取り、一字の「梯[11]」を入れ替えた創意が読み取れます。

それを裏付けるように、法華経が、最初に漢訳されたのが、正法華経（二八六年・竺法護訳）の⑦午年で、二百二十年後に、妙法蓮華経（四〇六年鳩摩羅什訳）は①午年で、不思議なことに、十二支場は日蓮の⑦午と関連する、一系の目に見えない命の一系の時流の中で結ばれているのを発見するからです。

その意味では、日蓮は、日本における法華経の相続者といえるかもしれない、と著者は思います。

日蓮が流罪の科で、佐渡へ到着するとすぐ書き出した『開目鈔』に、

「我、日本の柱[9]とならん、我、日本の眼[11]目[5]とならん、我、日本の大[3]船[11]とならん」

との三大誓願を書いていますが、私の体験から判断しますと、書いたのでなく、書かされたといえます。

それを裏付けるように、「我」[7]の7画になる文字を、三つ並列していることが、無意識のうちに作動し、の一柱⑦玉結びが、水字形の＊柱に結ばれ、中心の玉座が三重環となるからです。この三重環が三大誓願となっているだけでなく、「願」は「眼・目」を象徴しているからです。

日蓮が身延へ入ったのは、文永十一年（一二七四）⑤戌年で、鎌倉からみれば、西々北の戌ノ方で、八回目の周期、順⑤丑の時数と吸引する方位で、日蓮の誕生時の⑦午とは、火局軌道に当たる方位となっています。

最初の身延の里の場となる草庵は、当時の暦では五月十七日ですから、太陽暦に換算しますと六月午月となりますから、やはり、火局軌道内の、午・戌を歩かされております。

この軌道内でない寅の場は、九回目の周期順⑥寅・逆⑧戌への、査証のビザの発給を待つことになります。ここに運ぶ命と、運ばれる命の道を垣間見ることができます。

この内なる命の道と、外なる命の道は、二つの元冠と、どのように結ばれ、対峙するのでしようか。
さきにも示したように、蒙古が「元」と国号を改名したのが、A.D.一二七一年②未年です。周期波動は、偶数年ですから、逆波が顕在に浮上します。周期は二年です
一回目の元寇・文永の役は、A.D.一二七四年③戌年。二回目の元寇・弘安の役は、A.D.一二八一年③巳年で、この間、七年間で、潜在では、日蓮の身延入りと、大房が完成した年が、曲折年となって重なり合っております。

身延山の数マンダラ

大房とは身延山久遠寺です。したがって入山の登山道にある灯籠にも、いわく言い難しの、謎の配列が、自然数で並列理が示され、締め括られており、五十丁と五十一丁の所に配石されてあり、そこに吉祥紋が刻印されているのです。

この山全体の中に配石したデザイン感覚は、空海が室内に表現したマンダラ図に対して、日蓮は空間マンダラを、石の配数で表現しているのです。このことは神仏混交の三輪山の石磐《いわくら》表現と、三つ鳥居の配置の在り様と、太陽の道を遠望する手法の古道を呑みこんで、独特な空間芸術の神仏混交の一本道として、円環になる春・秋の彼岸の中日に、富士山の頂上から日輪の

御来光を拝むことができる、よう、としての要の場を設計しているようです。

この視線は、紙面の一次元表現の法華経を乗り越えて、多次元空間へと、心領域を拡大しているように思えてなりません。

これを裏づける命の道として、無意識のうちに、『立正安国論』を三度、鎌倉幕府に建白した行動は、大地の母なる子宮の中に、胎生した命が、暗黒から、三回転して光明界の空間に、へソの緒につながれて、新生の命の空間の中へ投げ出される、肉体の命を、産声を発して、心命一体の存在を、空間に占有する、命の道と、軌を一つにした行動を、意識しないまま、自演しております。

その意味では、鎌倉の辻説法は、日蓮の産声《うぶごえ》であったようです。

九回目の周期は、順⑥寅・逆⑧戌が回座しております。

周期場とすれば、原点時の誕生年に固定化された、生命場の十二支午の軌道である、午・寅・戌の三合火局が満配となる時間推移の火局軌道の終着場を示しております。

この周期波動の順逆理が健康に、数の理の通りに、八回目の終わりの場である、A.D.一二七七年（1＋2＋7＋7＝17）⑧丑と、九回目の逆⑧戌により、原点の⑦午が、順逆対向により、

⑦《×》破壊となっていますので、十進法の太陽の道により、そのヘソの場で互換する機能が不安定化するので、肉体的には、交感神経に障害が内生しており、その障害が右手に連動され、自分でもどうすることもできない筆先が、右上より左下方に伸びるヒゲ文字となる、素因が内生したであろうことが読みとれます。

また、逆⑧戊により、神経系による胃腸疾患で悩んでいたであろうと、読めてまいります。

その病因の潜象理は、十進法の①↓10、①↑⑩の順逆理の中央における、⑤・⑥、⑤・⑥が、☒形に交差する、反転形の体内での気流の⭯×⭮の渦流が、佐渡の厳寒の三昧堂での、死と背中合わせの、恐怖と生への希求の不調和、不安定が、⑦《×》破壊と③の反転作用を引き起こしたと考えられるのです。

この目に見えない、読めない焦りと、①《×》破壊の死の深渕を覗くことにより、5×6＝30と5×5＝25の、集約された、③と⑦の反発作用によって引き起こされたのではないだろうか。私の実体験を通して、日蓮の病因が、ここにあったとの想いです。

なぜかと言いますと著者の場合は、十日間の夜・昼と、間断なく襲うシャックリと、十日間も便秘で、何の手当てもきかず、死の渕を一瞬、ボーっとした意識の中で、無意識のうちに、手がヘソの上で、渦を巻くように動いたのです。ややあって、脳幹より「明日、大発汗と同時に、便が出るだろう」との声を聴いたのです。体温も高熱で、四〇度より下がらなかったことによる、全身微震動で苦しんだ、生死の断崖にあった、苦しい体感が十年後にも残っているからです。

日蓮が、精神と肉体が並外れた人であったとしても、数の理には勝てず、法名の日蓮と改名したA.D.一二五三年（②丑）から、逆波動が二年周期となり、誕生年の原点⑦午の七年周期の順波と相互に絡んで、内なる運ばれる命質は、A.D.一二七一年②未年から、日蓮に改名した年五三年②丑年と、対向反転が自動的に、複合的に作動するので、陽性から陰性化するので、攻めの激情型から、情動化に変質するのです。それと共に肉体の頑健から七八年⑨寅をもって、精神的にも、肉体的にも、徐々に衰退して、潜在に内在していた、③と⑨の二つの破壊性と、日蓮に改名した②未が、八〇年②辰年から、目に見えて肉体に巣喰っていた病原である神経系の交感神経の悪化により、頑強な肉体も、腰椎系・胃腸の病気誘発の度合いを引き起こしていることが、数理から読めるのです。

たとえ、晩年に四《5》条《11》金《8》吾《7》頼《16》基《11》が、医術に心得があったとしても、日蓮の病を助けることはできなかったのです。といいますのは、八一年③巳年は、日蓮にとって、潜在に巣喰っていた、目に見えない、交感神経・腰椎系の病原を癒すことはできず、病気治療のため、常陸国の温泉に行く途中、付き添ってきた門弟と共に、八二年④午年の、十二支が回帰した年の晩秋から、初冬にかけ、現在の東京都大田区池上の、池上宗仲《6386》の屋敷で、六人の仏弟子と共に、枕頭に自筆の大曼荼羅を掛けて、南無妙法蓮華経の題目を唱和しながら、眠るように死を迎えました。六十一歳の④午年でした。

周期は順⑥寅・逆⑧戌で、生年⑦が、共に破壊数となる、運ばれた運命を、二年残して息《10》を引き取りました。見事に死を迎えられたようです。心の中で十度、信者ではなくても、霊《れい》には礼《れい》をもって対し、葬送の題目を称えます。

鎌倉幕府と日蓮の命運との対比

幕府はA.D.一一九二年から始まっております。

発足時の固定化された時場は④子年で、日蓮の生年時場は、⑦午年で、時数は①・④・⑦の人数系列の時系につながれています。

時場の十二支は、幕府は子年で、日蓮は午年で、相互に対向しており、吸引と反発を引き起こす時系で、関わり合っていますので、融合しにくい命流を示しています。

政権が源氏から北條氏に移った年は、A.D.一二〇四年甲子年で、時数は人数系列で動いています。また時場を示す十二支は、⑦子となって、この時点でも、日蓮とは反転型の⑦午となって対峙しています。

特に注意しなければならないのは、鎌倉幕府の命質変化は、四年周期で変質しますから、一二六〇年⑨申から四年間は、順③巳・逆⑤未内で、蒙古の世祖フビライが、その前年に即位しております。回帰した年数は⑧未で、鎌倉幕府にとっては「お⑧」の破局を呼ぶ、因縁が起生しております。

この時代の国対国の対向による呼び合いは、法華経にいう因縁説では、理解不可能です。

その潜象理を映し出しているのが、順③破壊期に入ったとたん、日蓮の原点に内包している、⑨破壊の時系により、外より内へ、内より外へと、時質に内在する破壊数が、『立《5》正《5》安《6》国《11》論《15》』の書名数5＋5＋6＋11＋15＝42・4＋2＝⑥が、日蓮が凶相を自らの手で、呼び寄せる素因を形作っております。

たとえ日蓮が、仏教の経文を根拠として、「天変地異、飢饉、疫病が連続的に起こるのは、正法に背き、魔や鬼がやってきて、災難を起こすのだ」と、力説しようとも、この時点では、「時」の何たるか、我の時と、汝の時の、並列対応理が未解のまま、かつ言葉、文字にも、周期波動と、時との相関理が分かっていないのです。破局場がいつかの問いを無視した論では、人々を説得することはできないのです。

それだけでなく、日蓮の命質変化は、一二五七年から七年間は、七年周期で命質変化が、自動的に作動しており、六回目の周期は、順③×亥・逆②丑の周期内は、日蓮に改名した②丑が、順③×亥により、現象界では、人間関係を破局に呼び込みやすい時間帯だったのですが、日蓮はこの時期には、「時・言・場・序」の自然律が未解のままだったのです。

だから、未解なるが故に、旧知の縁を求め、現在の静岡県の「實《15》相《9》寺《6》」30画の③×破壊に当たる寺に、二年間も滞在し、七千巻にも及ぶ一切経蔵を読破して、想を練って書き上げたのが、『立正安国論』ですが、どこまでも、日蓮の深層に内在する「か③×」を呼び覚ますために努力しておりますが、この書は日蓮が渾身の力を込めたものであっても、時の破局性を引き起こすために努力した結果となろうとは、考えてもいなかったのだと思います。

深層に内蔵されていたパンドラの箱、日本では舌切り雀の宿の重い葛篭《つづら》の箱の蓋を、自らの手で開けたものですから、妖怪変化のバケモノが、次々に、日蓮に襲いかかっています。

日蓮の法難は、日蓮が内包する、自らの破壊性と、破局場を形成したことも分からないまま、事を起こしているのです。

伊豆伊東への流罪はA.D.一二六一年①酉年ですが、日蓮の原点の生命場からみますと、順③×により「く①」の卯の場に引きよせて、転移しています。この時場における論理は、法華経にはありません。

だから日蓮が「一切の仏教経典の中で、法華経のみが、仏の真意を説き示した真実の経典」だと力んでも、この時点では、どう屓目《ひいきめ》にみても、理解していたとは思えないのです。

それを裏づけるように、八回目の周期に入ったとたんの、順⑤丑・逆⑨亥の周期が、深層でねじれによる、順逆反転となり、六回目の周期である、順③亥・逆②丑とが順逆反転のひねりによるねじれ作用により、③順⑨逆となって表出されております。

その大曲折時が、A.D.一二七一年②未年で、日蓮と改名したA.D.一二五三年②丑とも、丑・未の時場より、②数が破局場に変移し、逆⑨により、改名年②丑が、原点に固定化された[う]⑨破壊と、連結連動しているのです。([う]は酉の場を示す)

この生命流の示す通りに、厳冬の季《とき》に、佐渡島へ流罪で流されております。時の執権は北條[5,11]時宗[10,8]で、時宗がまた、日蓮の⑨をもっている権力者というように、日蓮の曲折時には、無意識のうちに破壊数に吸引されていることを、周期波動により、思い知らされるのです。

この破局場を、中国の仏者である天台大師が、自著の『摩訶止観《まかしかん》』(八下―五)で次のように語っております。

「魔事、魔罪を説かざるは、これ菩薩の悪知識なり」

と喝破しております。またこうも語っております。

「魔界の如と仏界の如と一如にして二如なく、平等一相なりと知って、魔をもって戚となし、仏を欣《よろこび》となさず、これ実際に安んず」

この言説のいわんとした心を、佐渡に流された時に、墓場の中に在る「三昧堂」の中で、生死の渕に立って、すぐ書いた『開目鈔』によって一つの大きな壁が破れたことは、まちがいありません。

だが真に目覚めたのは、三年間の時間経過を経る三転の年季後に身延入りした後の、A.D.一二七五年⑥亥に著作された『撰時鈔』により、仏法の上に時を位置づけたことにより、その自覚の一端が垣間見られます。

この時を現象世界の目に見えるよう展開したのが、仏法の壁を破り、天地の中に光明を点灯する、灯籠の数で展開した、数マンダラの中に、春・秋に、富士山頂に、日輪を法輪と重ね合わせたところに、日蓮の仏者としてのすごさの一端を見ることができます。

自然災害には仏教は無力だ

百年単位の時代変革を、自然災害を十進法の数の対応変移から読むと、鎌倉期における自然災害はどのような時間帯で起きているかを探ると、次のようになっております。

西暦一二〇〇年は、平安末期にあたっており、年号では正治二年庚申で、鎌倉幕府を開いた、源頼朝が征夷大将軍となっておりますから、わずか八年ほどで、時代の代替わりとなって、将軍職は約三年足らずで空白を生んでいます。道元もこの時間帯で誕生しております。

A.D.一二〇〇年代は、小回りの三年周期で変化しますので、時代変化は目まぐるしく変化します。破壊数は①と⑥です。十二支は③申です。

三回目の周期は、順⑤戌・逆①午に変化しており、期末の〇八年②辰には、京都大火が発生しています。原点時波は、申・辰の水局軌道内で、この年を合図の狼煙《のろし》として、京都から鎌倉へと変位して、天数系列の⑨火局象意から、③地震の象意と変質しております。

鎌倉に大地震（現代ではM7）が発生したのが、A.D.一二四一年⑧丑年で、原点周期は、順①酉・逆⑧未の時間帯で、時間数は③・⑧木局で吸引。時支は酉・丑金局で、かつ丑・未の対向冲で吸合して発生しています。

日蓮が立教宣言した五三年②丑年には、鎌倉に大火発生、多くの民人が焼死しています。翌年③亥年には、またもや火難で、多くの焼死者を出しています。材木座が消失したのもこの年です。

五六年⑤辰年には、鎌倉に大暴風雨が発生。次の五七年⑥巳年にはM7～7.5の巨大地震が関東南部から鎌倉にかけて発生。九三年⑥巳にもM7の大地震が発生していますが、その遠因は、原点時場からみて、十四回目の周期で、順⑦酉・逆⑧未の三十二回目の、順⑦卯・逆⑧丑で、前期と後期では、潜在理の順逆が入れ替わって、⑦酉・⑧未が、⑦卯・⑧丑のように、順逆が入れ替わり、逆転しているだけでなく、順逆の十二支は酉・卯―冲、未・丑―冲となり、ねじれ作用を起こす時間帯となっています。

次の九三年⑥巳年の巨大地震はM7で、鎌倉はまたまた、大被害をうけております。

この巨大地震を節目に、鎌倉を襲った災害は下火となっております。（『理科年表』国立天文台編1995版による）

以上、簡単ではありますが、A.D.一二〇〇年を座標とした、著者が提唱する時間場を座標として展開する、順逆対応理からみて、日蓮が巨大地震発生後に、急遽あわてて書いたA.D.一二五九年⑧未の『災難興起由来』『災難対治鈔』は、現実の実証理の前には、無力だといわなければなりません。

著作した⑧未年は、日蓮と改名したA.D.一二五三年②丑とは、対応破壊となっているだけでなく、滞在して著作した場所は、岩《8》本《5》山《3》の寺号は16画、単数は⑦ですから、誕生年の⑦とは同数吸引しています。だが、寺名の実《15》相《9》寺《6》の30画、単数にすると③破壊となっているので、実証的には無意味な内容だといわなくてはなりません。（寺名の実は旧漢字）

それはさておき、百年単位の数論は、九六年③申年には、鶴岡八幡宮は大火で消失していますから、日蓮が裸馬に乗せられ、竜ノ口刑場につれてこられる途中、鶴岡八幡宮に向かって、「八幡大菩薩に申すべきことあり」「いま、法華経の行者日蓮が捕らわれて、首を撥ねられようとしている。八幡大菩薩は、なぜ、この日蓮を守ろうとしないのか」と大声でどなったといわれている事から判断しても、自己中心のとらわれた視点がみられます。このとらわれた視点があると、予知を語る資格はありません。ありとすれば、まぐれの、後からの講釈です。その事をよく象徴しているのが、馬から飛び降りるということは日蓮は午（馬）年なので、自己が内蔵する「か③」子の上に立ったという、象意を読みおとしているからです。

百年単位の十三世紀内に起きた、文永の役は⑤戌年、弘安の役は③巳年で、原点時場とは吸引していないので、暴風雨の破局場は、他の要因が絡んでいるだろうと思います。

それは蒙古から元に移行し、国名を「元」[4]に改名して、都を大都へ移転した、A.D.一二七一年②未年に第一原因を、自らの手で引き寄せております。ここに自他の明暗が在るのです。戦う前に負ける因子を造っているのです。

文永の役は七四年②戌年で、改名原点年から二年周期で読みますと、二回目の周期、この周期は、偶数年なので、逆行が顕在界に浮上する、特殊な要因を内包している時間数です。

日蓮が常に蒙古が攻めてくると、とらわれたのは、日蓮の改名年②丑年と同質吸引と時場反転の凶性を感じていたことを、よく証しているといえましょう。だが、その理は分かっていないようです。

鎌倉期の始めと終わりを数で読む

これまでの説明の中に、順流・逆流の時数・時場の対応理で、鎌倉幕府の政権内の時代では、天台系の仏者が突出して、日本仏教が花開いています。日蓮もその中の一人です。

特に日蓮の先輩である道元とは、共通の仏法の上に立って、それぞれ、我こそはと、自分の解釈が正しいんだと、主張しております。その中に、共通の論理がありますので、その拠り所となった、中国の仏者・天台大師智顗の著作である『摩訶止観』（四上）で、「逆流の十心」「順流の十心」と表現しています。それを受けて、日本天台の祖である最澄は、「十界順逆の観」（『修禅寺決』）と語っているので、共通な視点があることが分かります。

この項目で取り上げるのは、始めと終わりに集約していますから、十如是《にょぜ》に語られてある「本末究竟等」の論が、現象に照らせばどのようになるか、その正否を、時数と時場と回流してくる時場一体の潜象が、どのように現象界に湧出されるかを見ましょう。

これらの仏法論では、「順逆」の表現はあるが、視点は「心」に限定されていますが、「命」への問いが、命質の原質と、命質変化相の在り様を見ることはできません。

最澄説では「界の順逆」に視点が移動しており、「界」とは本書で表現している、命時一体における「場」に該当するでしょうが、一番の視点である、初出点である時間場の認識把握が曖昧のように思うのです。

なぜ曖昧かといいますと、一番の欠点は、具体性の解明が見られない、観念論の中で論じられて、どのようにすれば現象論に移行できるかが、「界」だけの表現では、どこまでいっても、「観」に限定されるのです。

これらの論では、鎌倉期という発出点と、晩期における、南北に別れたA.D.一三三一年⑧未年は、十干では「辛《かのと》」の八番目の干から、年号は元弘と元徳に分かれ、次年は正慶と変わっており、次年は正慶二年というように、年号までも分裂しているので、たんなる「界」の表現把握では、理解できません。

だが西暦の一貫性になる暦法では、A.D.一三三一年で、その和は⑧と④となり、界の変革における分離を、1＋3＝④、3＋1＝④と上二桁と下二桁は、それぞれの数は共通でも、その中に順逆が写し出されているのです。

鎌倉幕府が開かれたのがA.D.一一九二年壬子年で、滅亡したのが、A.D.一三三三年癸酉で、干支論からみても、論と現実の事象が、十干では、終わりの終わりとなるのです。

また年号からみても、鎌倉期末の南北朝分離までの年号は、四十八回も改号されていますので、当時の政治の中枢の人々の心の総意から選字しただろうと思いますから、十心論からみて、その心界が作動した、個の心論では総における心論が無いので、たんなる十界に括る論理、界の順逆における、十界互具では、理解には至らないだろうと思います。どこまで行っても、平面観で、観念論の中に埋没しているようです。正反の論理が見られません。

A.D.一二〇〇年③中年を座標とした、三年周期で年次を、順逆対応と、年毎に変化する年次数の四つの時論を展開しますと、時場を形成した③中における破壊数は「く①」「え⑥」で、原点時場から、三年周期の順逆対応の波動数は、四十九回転では、A.D.一三二九年、三〇、三一年の三年間が、順①卯・逆⑤丑の周期に変化しています。

南北朝に分割された三一年は一三は1＋3＝④、3＋1＝④と、磁石が同極反転するように、天皇制が二分されています。

この時代変遷は、天台系の界・順逆論の、思考が固定化された観念論では、解釈不可能です。変質した周期は、原点の座標時からみて、潜象界では、四十四回目の周期で、順卯①逆⑤丑に変質しています。このように、群をなす論理が未解の仏法では、十界論、十如是、十二因縁論も、本末究竟等と観念的には、総論解釈から判断しますと、鎌倉期の時代相は読めるものではありません。

順行の①は十二支場は「卯」で、「く①」の原点場の破壊性が噴出する季を示しているのです。逆行の⑤は「丑」の場であり、原点場の「え⑥」を吸引湧出する時間帯に変質していることを示しているのです。⑥は政権の変革を意味する局所場の破壊を指示しているのです。また戦をも象徴する数でもあります。

逆⑤の時間流は、原点時「あ③」が、卯の場にある「く①」の上に重合することを示します。

ここに考えてもみなかった、天皇制の分裂という破局場が湧出されているのです。

だから、この現実の前には、十如是《にょぜ》の因縁果報・本末究竟等の締め括りの論理は、瓦解しております。

なぜ瓦解するかといえば、智顗の『観音玄義』（上）によりますと、「十如是互具」と語っているので、加法だけになる相互でなく、減・乗・除の基本算法が、すでに知られているところから判断しますと、たとえ、十界釈において、十界・仏界・離合・約位の四種の解釈法があったとしても、疑問が残ります。

乗法からみますと、次のようになります。

順		逆		合
1	×	10	=	10
2	×	9	=	18
3	×	8	=	24
4	×	7	=	28
5	×	6	=	30
6	×	5	=	30
7	×	4	=	28
8	×	3	=	24
9	×	2	=	18
10	×	1	=	10

右の数列対応からみますと、順逆の中に順逆理が内在しているので、たんなる順逆だけでは「心」意識の変化相は、読めるものではありません。

数列対応を見れば分かるように、順の中にも逆流があり、逆の中にも順流がありますので、正反の理があることが分かります。

右の①↓⑩⑩↑①の数理が内在していることは理解できます。

この数列は、さらに⑩↓①①↓⑩の理が内在していることも理解できます。

右の相反した数列の流れを、一本の柱と仮定して、その切り口を上を○で下を●で表現しますと、○●●○となり、●○○●の理となる集合理が内包されてあることも分かります。

となりますと、智顗が『摩訶止観』（六上）で、「正習ともに尽きて八相作用す」と語っていますから、我が国の超古代の縄文期の記号言語で表現しますと、十字形が正十字と×字の逆理になる十字があることになります。集合しますと、✳型となり、後代の仏教による八葉蓮華座の祖型が見えてきます。その意味では「正習」により、八相展開すると、「作仏」となることを、示しているようです。

作仏するためには、八相が完備される必要があるばかりでなく、『法華経』の「唯仏と仏」の考え方で再読しますと、「唯」と読む場合は「仏と仏」となり、二仏が存在することになります。また「唯仏と仏」と読みますと、「唯仏」と「仏」との相違を、明確に認知する必要があると思います。だから、この原初的な問いを不問にしては、「能く諸法の実相を究尽したまえり」と語っても、質的、構造的、正反、順逆、方向性、五つの視点から、再吟味しますと、曖昧さがつきまとうのです。

だから、「如是《にょぜ》」の解釈にしても、八相における解釈が無く、たんに如是を十個集めただけでは、はたして、具体的に、実証性のある、諸法をきわめ尽くしたと論じても、論理に飛躍があり、論理不十分であるといえます。

さきに数列対応になる自然数の順逆表記をしましたが、むしろ、正と反として、正の中の順逆、反の中の順逆に変移した法が、見えてきます。となりますと、仏教による三十世間に該当していますので、そうしますと、「三十世間」の中にも、正と反・正の中の順逆、反の中の順逆による、四相の三十世間があることになりますが、この総における三十世間の原点的な読みが、不問のまま放置されているといえます。

その意味では、暗示的ではあっても、実証性に乏しい観念的な論といわざるをえません。

したがって、本書で展開する十三世紀における鎌倉期における時代相の変相は、田上数理学の周期波動理論が時代という大鏡に実相を映したといえます。

この実相は、鎌倉幕府を開いた源《13》頼《16》朝《12》（13＋16＋12＝41・4＋1＝⑤）が、A.D.一一九二年④子が原点時場を形成します。周期は四年で、順④子→⑤丑→⑥寅へと変位し、逆は④子→③《×》亥→②戌となり、回流した一二〇三年⑥亥で、干支論では癸亥で、終わりの干支となっておりますが、時間数では、西暦の上二桁が12下二桁が03となっており、単数化しますと、上桁

③《×》・下桁③《×》となり、幕府の発足年の③破壊となっており、始めは一一九二年の上桁②・下桁も単数が②となり、同数反発を示しており、並列数の破壊数③と潜象で吸引する軌道を示しております。

北條氏が鎌倉幕府を受け継いだ年は、A.D.一二〇三年⑥亥で、執権は北《5》條《11》時《10》政《9》（35画単数⑧）で、源氏鎌倉の発足年の「お⑧《×》」となっています。鎌倉幕府が滅亡した、A.D.一三三三年癸酉は、執権・北《5》條《11》守《6》時《10》で、総画数は32画、単数⑤で、始めが⑤数・終わりが⑤数の、両極が同数吸引と反発分離が、歴史上で、鎌倉期の始めと終わりを締め括っております。

周期波動では、三十六回目の順③《×》亥・逆⑤辰となり、北條氏の幕府は⑥亥年ですから、二十二回目の周期で、順⑨申・逆③寅で、十二支場は申—寅・冲となって、反転する周期を示しております。滅亡年は①酉年で、源氏からの鎌倉幕府と、北條氏幕府が、共通の③《×》を共有する年をもって終末を迎えていることを、田上数理学の波動理論により、時象が事象となることを、時間数と時間場と、その方向性によって、生滅する命質が証されております。

鎌倉期の仏教の主軸となった、天台系の宗派がいっせいに花開き、アッというまに、落花しております。その意味では、時は非情です。置かれた社会環境の生命の器も、一体に現成する

たま出版の本をお買い求めいただきありがとうございます。この愛読者カードは今後の小社出版の企画およびイベント等の資料として役立たせていただきます。

本書についてのご意見、ご感想をお聞かせ下さい。

① 内容について

② カバー、タイトル、編集について

今後、出版する上でとりあげてほしいテーマを挙げて下さい。

最近読んでおもしろかった本をお聞かせ下さい。

小社の図書目録やHPのご案内（無料）　希望する　希望しない

お客様の研究成果やお考えを出版してみたいというお気持ちはありますか。

ある　ない　内容・テーマ（　　　）

「ある」場合、小社の担当者から出版のご案内が必要ですか。

希望する　希望しない

ご協力ありがとうございました。

〈ブックサービスのご案内〉

小社では、書籍の直接販売を料金着払いの宅急便サービスにて承っております。ご購入希望がございましたら下の欄に書名と冊数をお書きの上ご返送下さい。（送料１回380円）

ご注文書名	冊数	ご注文書名	冊数
	冊		冊
	冊		冊

郵 便 は が き

恐縮ですが切手を貼ってお出しください

160-0004

東京都新宿区
四谷4－28－20－702
(株) たま出版
ご愛読者カード係行

書　名			
お買上書店名	都道府県　市区郡　書店		
ふりがな お名前		明治・大正・昭和　年生　歳	
ふりがな ご住所	□□□-□□□□	性別 男・女	
お電話番号	（ブックサービスの際、必要）	ご職業	

お買い求めの動機
1. 書店店頭で見て　2. 小社の目録を見て　3. 人にすすめられて
4. 新聞広告、雑誌記事、書評を見て（新聞、雑誌名　　　　）

上の質問に 1. と答えられた方の直接的な動機
1. タイトルにひかれた　2. 著者　3. 目次　4. カバーデザイン　5. 帯　6. その他

ご講読新聞　　　新聞	ご講読雑誌

ということです。

日蓮における「数数《さくさく》」「数々《しばしば》」の謎

日蓮が伊豆への流罪では読めなかったのが、再度流罪となって、佐渡ではじめて読めたと、『勧持品』の中で語っていますが、何が読めたのでしょうか。なぜ数の略記号として「々」を表記したのでしょうか。わざわざ、「々」を書く必要はないのですが、なぜでしょうか。

「数数」の並列は、そのまま、上下、左右の十字形の幾何的な考えがあったのではないでしょうか。それはなぜかは、佐渡で最初に著作した『開目鈔』に続けて、『顕仏未来記』を書いており、その中で「三二一ヲ加ヘテ三国四師ト号《な》ヅケン」と、片仮名まじりの文で書いているので、想念の底に幾何的な考えがあったとすれば、数字だけを抽出しますと、△と◬が映像化して頭脳に映されてくるからです。

三二一を加えるということは、三角形の平面ではなく、立体における四面体が浮かんできます。

この観点に立ちますと、同書の中で「三師[10]（釈迦・天台・伝教）ニ相承シ、法華宗ヲ助ケテ末法ニ流通ス。三二一ヲ加ヘテ三国[11]四師ト号《な》ヅケン」この文の中から、数字だけを抽出しますと、3＋1＝④、3＋4＝⑦となって、南無妙法蓮華経の七字が浮かび上がってくるからです。

この想念は伊豆流罪では「よめり」といわず——と、読めなかったとありますが、佐渡の流罪を経験して、初めて読めた、と語っているのです。だから、表面的な文の綾にとらわれる必要はなく、その文底に秘められた真意を、素直に受けとればよいと思います。

この視線により読みますと、「三国四師相承説」の、法華思想が「釈尊・天台・伝教」を一群として、日蓮を加えますと、立体観になる正三角四面体となり、点・線・面が一体化するだけでなく、さらにタマ思想から再読しますと、一柱に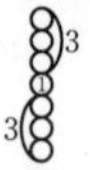の連珠の玉を結んだ玉数は「三に一を加えて三と四となる」の数意が読めてくるからです。

この三と四を加えてなる、3＋4＝⑦は日蓮の誕生年の⑦数に回帰する軌道を文の中に布設しているのです。

数は計算するだけが数でなく、○●の二相の数列があるのです。日蓮の誕生年⑦は陽数における⑦で、裏にあるのが、陰数④です。

四柱に連珠を結びますと、中心の親玉を加えますと、一柱が⑦玉結びとなり、四柱では7×4＝28となります。この28が妙法蓮華経の八巻の8軸と、4×7＝28の二十八品となるのです。

この隠れた秘義が、佐渡へ流配されて、死生一体の三昧堂の中で、悟ったということです。そここにカズは火図《かず》であり、水図《かず》であることも理解できたといっているのです。

この隠れた数々は、陽数と陰数の二重構造となっていることが、理解されてきたのでしょう。

仏教用語の上根上機、下根下機は、上根の陽数と、下根の陰数に該当する象意があるようです。

陽　上根

4	9	2
3	5	7
8	1	6

陰　下根

7	2	9
8	6	4
3	10	5

右の数理は、上根の対向する数を加えますと、1＋9＝10　2＋8＝10　3＋7＝10　4＋6＝10となり、下根の対向する数を加えますと、2＋10＝12　3＋9＝12　4＋8＝12　5＋7＝12となります。さらに、上根と下根の同場にある数を加えますと、1＋10＝⑪　2＋9＝⑪　3＋8＝⑪　4＋7＝⑪　5＋6＝⑪

この二相一体の理は、正における数理と、反における数理が内在していることを、物語っております。

また「機」を「気」に変換しますと、九気の概念が浮上してまいります。

陽　上機(気)

6	1	8
7	5	3
2	9	4

陰　下機(気)

5	10	3
4	6	8
9	2	7

上古は①は神のものとして、②から算《かぞ》へるという数における考え方が存在している点から再考しますと、①が無いのでなく、②は11数の単数化した数と、二卵性的な意味をもつ10＋1＝⑪の潜象理につながってきます。

陽数理における上根・上機の対向する数を十字型に加えると、9＋1＝10　1＋9＝10、中央の5を加えますと、10＋5＝15となり十字型では㉚数となり、三十世間の数となります。この㉚の数は、自然数の①→⑩　⑩←①の対向理が潜在にあるのが理解できます。

だから日蓮が『法華題目』で、妙《7》の中には絶《12》・具《8》・開《12》・蘇《19》生《5》(19＋5＝24)　12＋8＋12＋24＝63画の63数によって、根源《こんげん》の自然律を、一字・一字・一字と二字の分数と集合によって、自然律を読んだのだというより、生命が極限の中に置かれたことにより、生体内より、自然に湧出された四種の文字で把握できたのではないだろうかと、私の体験をふまえて、共感できるのです。

「妙《7》」の7画が象徴するのが亀甲で、幾何図形では立体空間の正三角形八面体に該当し、頂角の一点は六個あり、中央の水字形に交わる✳を象徴する、自然理の七点が、文字の7画と一致することに、気づいたのではなかろうか、と思われるからです。とにかく鋭い直観力の持ち主であったことは、誕生年の時命一体理に、よく具現化されています。

このことをよく把握しているのが、「妙《7》」の一字には二つの舌ましますとなるのです。だからこの二仏の舌《6》は八葉の蓮華なりと、結論づけているのです。文字の「舌」は6画で、形体としては、亀甲の⬡で、二枚舌なれば、十字に結びますと、⬡+⬡=❈となり、八葉蓮華座を具現化するからです。

この重なる蓮華の上に法珠ありと語っておりますが、この宝珠こそ、時命一体の場に与えられる光点なのです。私も体感しているので、素直に理解できます。文献上の選択だけでは、理解には至らないだろうと思います。

また、三十世間の数理観はどこから抽出されたかといいますと、次の数理となります。

4	9	2
3	5 ＼ 10	7
8	1	6

（九法と十法界）

さきに図示した上根の陽数理で説明しますと、仏法は九法界であり、中央の玉座へ回帰しますと、十字型の対向と玉座を加えますと、1+9+5+10=25となります。したがって+字と×字の数は25×4=100法界となります。

また奇数のみを抽出しますと、1+3+5+7+9=25となり、偶数のみを加えますと、2+4+6+8+10=30となり中国の易経観では地数となりますから、三十世間説は地数に該当しているとも考えられます。

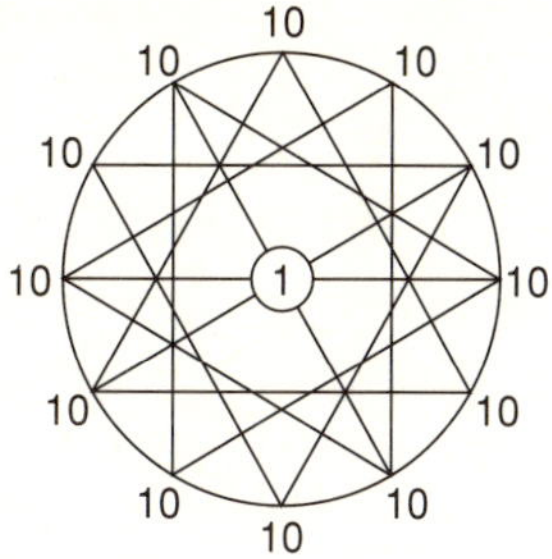

如是の構造

※正三角形四面体の構造と円環の集合図における①⑩を数図形化した。

※⑩は玉を四層に積んだ値です。

※古代ギリシャのピタゴラスの石積み法にも該当します。

数玉《かずたま》による五十音から数読みしますと、「如」は「に[25]よ[37]」の音玉数で、「是」は「ぜ[59]」となりますから、25＋37＝62、62＋59＝121となります。

また「ぜ」の59によってなる順逆対向では、その中に30・30の並列が生じて、三十世間説につながりがあることが分かります。（並列数一覧表参照）

さらにもう一段深く数読みしますと、奇数の25数は⑤の倍数で、5×5＝25の象意があり、30÷5＝⑥となり、この⑤・⑥は、十進法の並列対向の中央に集合する奇数と偶数ですから、三十世間にも、この潜象が作用することを語っているようです。数そのものが語りかけているといえます。

この潜象理を知らなければ、「円融三諦《えんにゅうさんたい》」における「空《くう》・仮《け》・中《ちゅう》」の三諦を、数理として解読できないだけでなく、日蓮が我こそは知っていると、自賛しようとも、現実にそれを越えて、未来へ投げかけ、活用・実践は無理であるといえます。

法華経は正三角形八面体だ

さきに日蓮は、佐渡へ流罪で渡った時の最初の三昧堂は、日蓮の死後、仏弟子たちによって立派な堂となっておりますが、当時はあばら家の、一間四方の広さの板囲いだったようです。家というよりも小屋というべきものだったように思います。この小屋の中で、厳冬の中で書き上げたのが『開目鈔』です。

日蓮は千年後の現代、衣食住に不自由なく生活している人間にとっては考えられない、頑強な肉体と、意志の強い、しかも知性と記憶力も抜群な人だと思われるのです。

最悪な環境の中で、法華懺法にもとづいた、法華三昧堂だったのです。

この根源の場を受け持たされた、他動的な力による生活環境から甦ったのが日蓮で、鎌倉時の日蓮と、一八〇度も変成した日蓮が新生しております。一言でいえば無となり、ゼロとなったことによって、他力が自力へと変生したといえます。ここに日蓮の独創性の湧出がみられます。

この視点をさらに一八〇度かえ、幾何図形で表現しますと、生命体の正三角形八面体が、空間場の正四角形六面体の中の面の対角線の交点と、正三角形八面体の一頂角が面点結合したことにより、自動的に湧出されたようです。

だから、新しく目が開いたことにより、『開[12]目[5]鈔[12]』29画により、文字を固定化して、画数までも、無意識のうちに、29画、単数化しますと4×7=28+①、四つの対角線上の交点と、正三角形八面体の六つの軸数とが合体したことにより、交点が一瞬にして光点となったのだといえます。そこに悟[10]の十法世界が開けたといえます。覚の字の旧漢字では、20画で、10・10の潜象理を映し出しております。単数化しますと、10=1+0=①数玉場に三結びしますと活体としての、空間場が形成され、〇・①・①・①となり十法界、十如是となります。その意味では、界は「器」で入れ物なのです。法界は二面性があり、静態ですから、九法界となります。時が界の場に作用しますと、玉《たま》が霊《たま》に変成します。

多間《たま》場に時が作用しますと、カミ合って、霊《たま》が神《かみ》となり、中央の玉場に参入しますと、十霊界の生命場と肉体と、精神の電流が、心相を各界場に具現して、反応を示します。

この理を把握した時には、神も仏もいなくなり、光体に変生しタマになるのです。

著者が提唱するカズタマは、111数が象徴し、①・⑩・(100)の三結びの鏡餅となるのです。

日蓮は「仏法を学せん法は、必ずまず時をならうべし」と語り、先輩の道元は「生も時なり、仏も時なり」と語っておりますが、共に「時」を視座に入れた発言をしています。時を見るということは、静態から、動態の事象へ移行したいとの意図がみえます。

だが、当時とすれば、感覚の域を出ず、事象への具体性は、両者ともに見当たりません。

事[8]象は「時[10]象」なので、事象だけを取り上げますと、場となり界となります。

本書で展開する、順逆対応の十二支は数と一体となって、周期の界が過ぎれば、順逆対応は、すべて変質します。この変質と、今中の時支合体で、動態的に数読みします。

指折り数えるということは、一指には三つの節がありますから、四本指では、4×3＝12の時間場の変化を読むことができます。この自然理を写し取っている古語では「数」を「ヨム」と訓《よ》んでいることの理は、ここにその素形があるのです。

日蓮が「数」字に対して「数数《さくさく》」「数々《しばしば》」と、文字表現した直観もここにあるようです。

手の指は、親指には、二つの節がありますから、片手には十四の節になる間である場があります。両手で28場が形・型・方を成していることに気づきます。古代の読みでは、日月星の28宿をも象数化していることに、気づいているのです。

仏法僧が手にする連珠は玉数により、108個の煩悩を、物に仮託してあるのです。物《もの》は霊《もの》でもあるのです。清浄化しますと、霊《かみ》となり、神《9》字の10画の神《10》となります。造型化された幾何図形は、型となって、カミ合って、物《もの》が仏《ぶつ》となって、仏像に写し変わっているのです。

幾何図形では、正三角形八面体が、手掌の指と指の間の空位が、四と四の計八つの八間《やま》を象徴している、自然の造形力に驚くのです。

万葉集では両手を左右手《まて》として、「マテ」と訓《よ》んでいるのも、当時の生活知から湧出された英知からでしょう。左右一体を間《ま》としてとらえたものと思います。

このように両手の指で数読みしますと、法華思想における、「三国四師相承説」の四師を四指に置き替えますと、今まで文献だけにとらわれていた視線の方向を変えることによって、見ても、読んでも読めなかった思考に、三と四が、正三角形四面体の立体観があろうとは、思いもしない、考えてもみない、空間場の作用が、数詞に移し替っている事に気づかれるだろうと思います。

この見えなかった世界が理解されますと、「空《くう》・仮《け》・中《ちゅう》」を三諦《たい》ととらえた、一心三観というとらえ方も、新しい視点から、点・線・面の立体的な考えが、少しずつ理解できるだろうと思われます。

円融三諦《えんにゅうさんたい》を新しい視点で読む

真理を語ることは、カタルの言葉を、片《かた》・形《かた》・型《かた》・方《かた》の四相に変換しますと、今までのように解説して、文献ではこう書いてあるとして、天台大師智顗《ちぎ》はこう説いた、最澄はこう説いた、日蓮はこう語り、このように書いているという、文字の羅列だけでは、真理活用の場からみますと、それは真理を伝えることではなく、たんなる知識の受け売りにすぎません。

大事なことは、知識を得ることではなく、それをいかに活用するか、応用するか、行動化によってのみ、知識が知識の壁を破ることはできないのではなかろうか、と思うのであります。いかに数理化するかといいますと、日本数詞から読みますと、事《こと》は九十《こと》が象徴化していることに気づきます。

九・十の理は、自然数の一〜九までの数列の中に内在されております。なぜ九までの数字を取り上げたかといいますと、智顗が説く「一法界には九法界を具す」とありますが、その内意は、次の九数の上下対応になる、

1＋9＝10、2＋8＝10、3＋7＝10、4＋6＝10、の理があり、その中央に⑤が内具され

るからです。

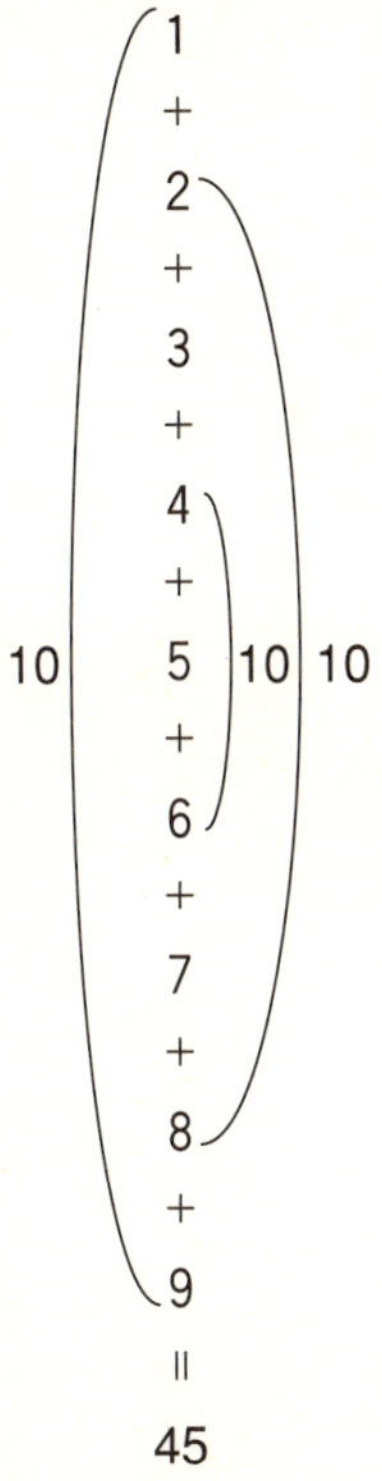

A.D.五三八年⑦午生まれの智顗は「九と十とは斟酌して解すべし」と書いておりますが、この程度の解釈では、右の数理解から判断しますと、不確定な要素が多分にあり、説明不足の感が強いようですが、日本天台系は智顗を下敷にしておりますから、鎌倉期の道元にしろ、日蓮にしても、この不可解な「九と十とは斟酌して解すべし」の域から、一歩も踏みだすことはできませんでした。

日蓮の佐渡後において、ようやく、ダルマの両眼の白眼に、一点を書きたいとの思いが浮上しておりますが、開眼には至っていないようです。現代流に解しますと、アイデアの領域を出ていないといえます。

(A)

4	9	2
3	5	7
8	1	6

(B)

4	9	2
3	10 / 5	7
8	1	6

九法界の数理

Ⓐ図にある数を、—・—・／・／の四方向に加えますと、さきに数式化した縦結びの数列を加えてなる合数45と、5×9＝45は、目《5》の理数に該当しています。カズタマ数理から読みますと、45は理を象徴する数理であり、両眼では、45×2＝90となり、日本数詞では、「九十場《ことば》」であり「九十波《ことば》」「九十玉《ことたま》」「九十霊《ことたま》」の四層を映し出していることを、知ることができるでしょう。万葉集では「事《こと》霊」「言《こと》霊」と歌詞の中に織り込んでいる目に眼えない、神秘数でもあるのです。

立体観でみる空《くう》仮《け》中《ちゅう》

日蓮が説く『観心本尊抄』の中で、「玄義第二に云《いわ》く又一法界に九法界を具すれば、九界所具の仏界なり」のとらえ方の視点は、自然数の一〜九までの数は「仏界」であるとの認識なので、立体的にとらえ、幾何図形で再現しますと、易経観の河図洛書の中央にとらえられている⁙⁙を、数に変換しますと、⑤・⑤に当たります。合して5＋5＝10となる数理が隠されているのが、左図の正反対向によって、確認できます。

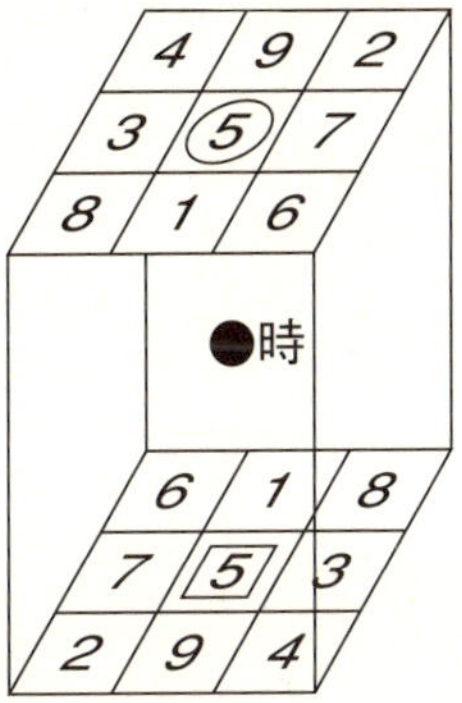

図に記入した1～9までの数を上図を天とし、下図を地としますと、縦に天地の数を加えますと、全て⑩となり、十法界となります。●印の時表記は、⑤+[5]=⑩となります。言霊的にこの対向一体の⑩は十気《とき》で、十種の気流を包括した数《あま》の九十理《ことわり》を示していることの理に古代の英知に驚くのです。

　この対向の数理を映して読みとられているのが、数図形なのです。縦結びに数を並列しますと、理解がより分かりやすいと思います。

10＝ 9 ＋ 1
10＝ 8 ＋ 2
10＝ 7 ＋ 3
10＝ 6 ＋ 4
10＝ 5 ＋ 5
10＝ 4 ＋ 6
10＝ 3 ＋ 7
10＝ 2 ＋ 8
10＝ 1 ＋ 9

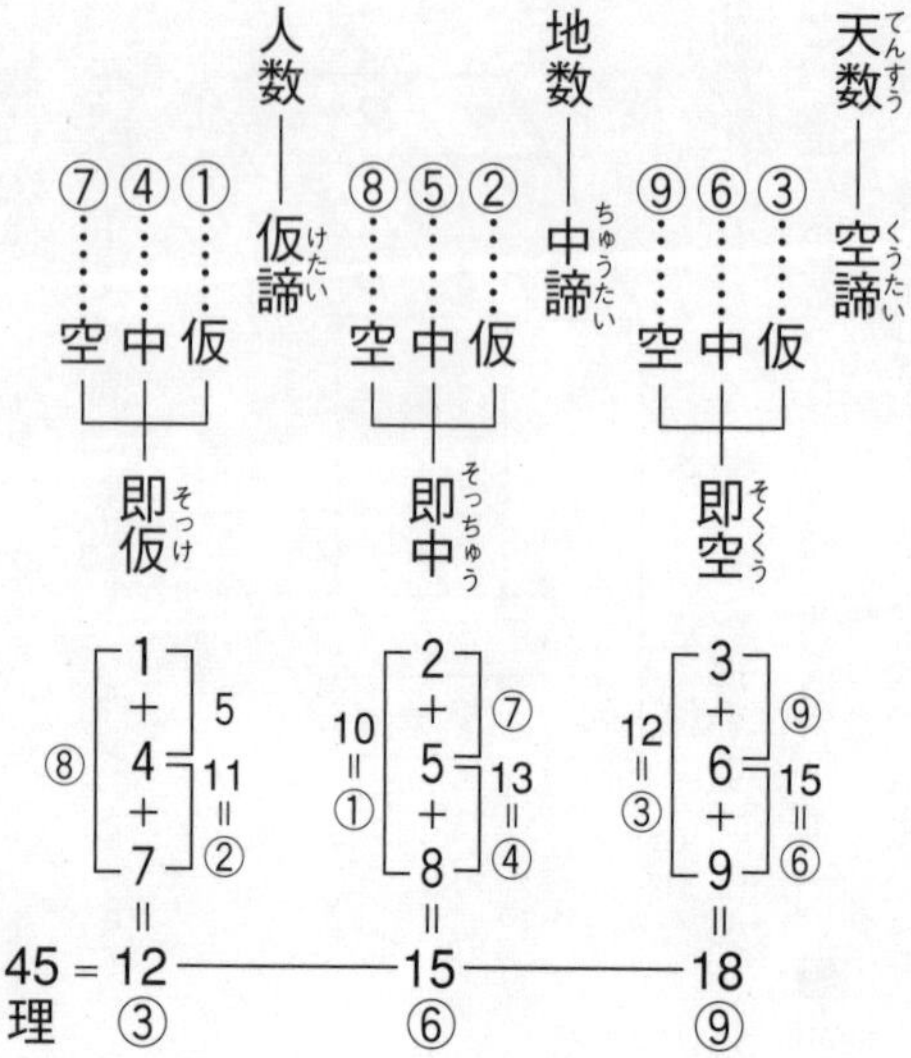

以上の観点からみますと、田上数理学による⑨数理は、天台系の円融三諦を把握しています

ので、言語あわせ、周期波動による、変化による動態解釈をしますと、過・現・未の三元を貫通する実相が、数理の鏡に映されてくることが分かります。

これまでの解釈は基本態ですが、カズタマの数理観では、さらに、まだ隠されてある理があることが分かります。

9―6―3＝0……天数
8―5―2＝①……地数
7―4―1＝②……人数

となって、現代科学の産物であるコンピューター原理そのままの理もあることが分かります。

さらに次のような円融三諦の解釈は、このほかにも、次のような理を発掘しております。

9―6＝③　6―3＝③　9―3＝⑥
8―5＝③　5―2＝③　8―2＝⑥
7―4＝③　4―1＝③　7―1＝⑥

0＋1＋2＝③　2―1―0＝①

これらの数理を総合しますと、さらに次のような理の構成になる形象が湧出されます。

このように円融三諦説を、数理を通してみますと、田上数理学の数理解析は、天台説を大きく打ち破っている、オリジナルな、独創的な数理論であることが理解されてくると思われます。

智顗が『摩訶止観』の中で、鏡像の譬えによって、円融三諦論を語って、「鏡」「像」「明」のおのおのの特性である差別面について、一体でもなく、バラバラでもなく、合と散とが宛然としているという意味を語っているように受けとれますが、理ではなく、観念的な、暗示性の強い語りのように思われます。

後代の人々が、科学観から、円融三諦説に求めるのは、語りにおける暗示ではなく、科学時代に即応した、理において求め、かつ活用・応用にあるのであって、たんなる教説のための教説、引用のための引用説明、文献の受け売り的な解説ではないのです。

だからカズタマでは、現代的な観点から、時間を座標にして、正三角形四面体を核として、構造を潜在におき、四つの頂角を二層合体で、八面体を求め、空間場の三次元空間をとらえた、正四角形六面体の六つの面の中心点と、正三角形八面体の各頂角と合体することにより、時間流によって回転すれば、球体となり、玉を形成します。本書で展開する「カ《6》ズ《58》タ《16》マ《31》」は、ここから発出しているのです。

6＋58＋16＋31＝111　この111の数字は、数の対向する数の路筋が、一法界には内具してあるのです。（音霊数参照）

一法界にはどのような数の路筋があるかといいますと、1＋37＋73＝111、19＋37＋55＝111、10＋37＋64＝111、28＋37＋46＝111。この四筋の数字は、型としますと、＋・×の形象と、三・|||の横系・縦系の三筋の係数も内具しているのです。

この111数は、何を指示しているかといいますと、空海がマンダラ図の中に、大日を配置している原心は、本書で展開しているタマ思想の実態が分かっていたからです。

4	9	2
3	⑤	7
8	1	6

28	73	10
19	37	55
64	①	46

十法界の中の一法界の数を示す。①は場の位置を示す。

平安期の最澄が空海に、辞を低くして、年下の空海に接近したのも、密教の秘の中の秘である「数密《すうみつ》」が欲しかったのではなかったか、との思いがちらつきます。

なぜかといいますと、天台系の原本に位置する、智顗の『摩訶止観』の中で、「一心一切」から書き出して、「非一非一切」の間に「一」という文字を四十八箇も羅列して、「一切を歴《へ》てみな不可思議の境なり」と結んでいる謎の文句です。

この一点に交わる点《てん》こそ、三角形と四角形の3＋4＝⑦の亀甲における、現代化学の基本系である亀甲の⊛でもあるのです。回転態となれば、❀の水字形の北斗星紋であり、七曜紋がよく象徴しているようです。

この✳の系図は、鎌倉期・平安期だけでなく、遠い紀元前の、仏教が伝来するずっと以前の、易経以前の、縄文期の我が国の遠祖である、縄文人の記号文化まで遡る必然があるのです。（描

著『甦る縄文の思想』参照）

後代の仏教が原点ではないのです。

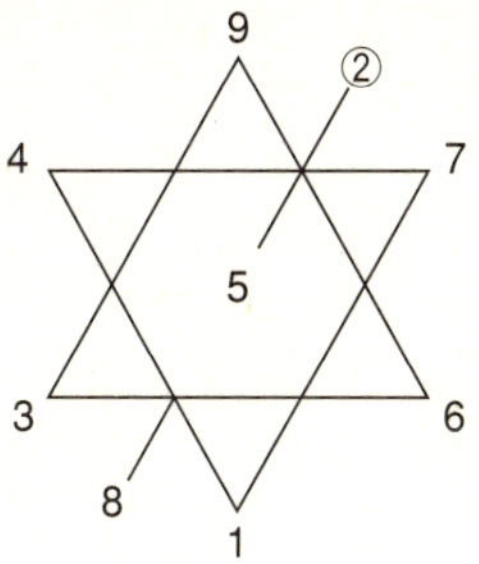

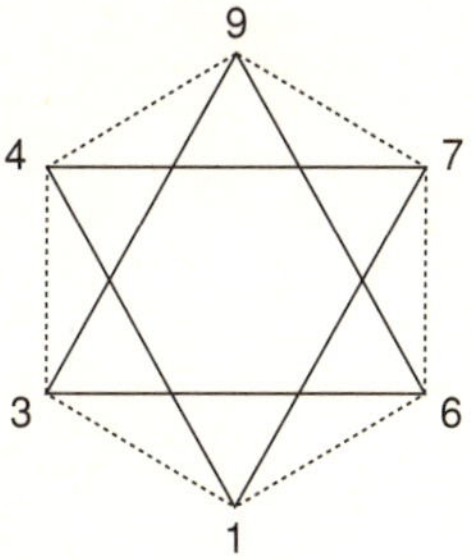

※対向する数の和は10

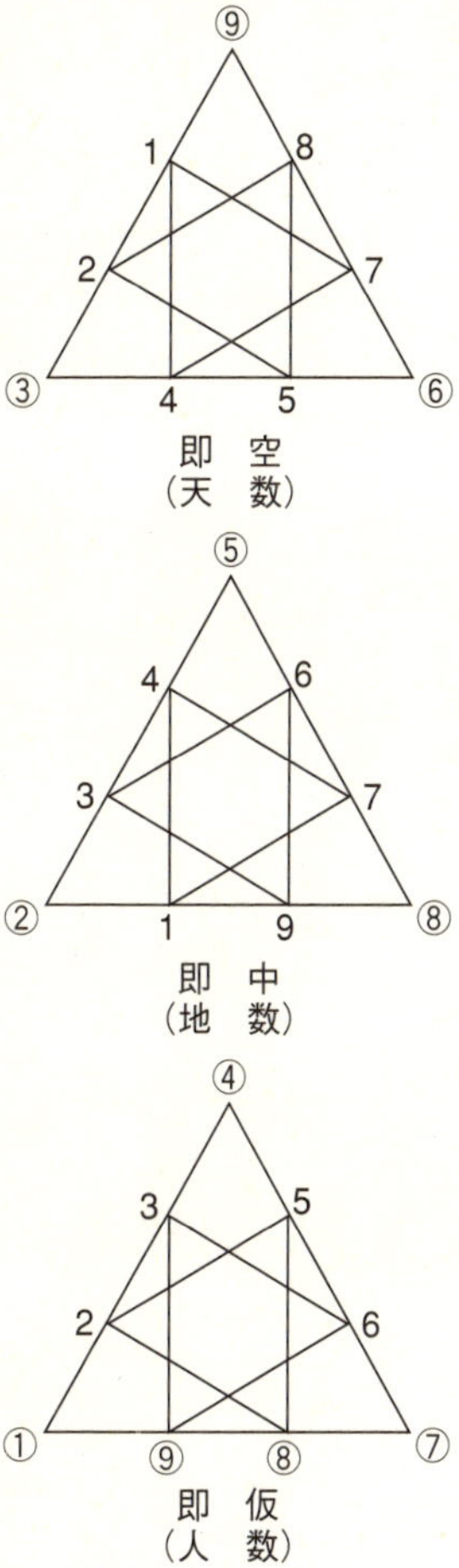

（三諦三角形結び図）

右の三角形の数理は、玉表現しますと、古代ギリシヤの哲学者であるピタゴラスが、君たちが四と考えているのは、実は十なのだと語っている、テトラクスの石積み法に照らしますと、相互の対向する稜線は、各線を横に結びますと、○・∞・∞・∞の玉数が積み上がっていることが、理解されると同時に、仏説における十法界と同じ観点が在るのが分かります。

この観点に立って、玉表現に変換しますと、百法界も玉表現は可能なのです。

日蓮が十界を説いて、「妙法蓮華経は九識なり、十界は八識巳下なり」（『御義口伝』）と語っているのも、共通の視点がみられますが、両者共に、一面を切り取って説明していますが、構造把握には至っていないので、感覚的に、自分流にとらえていたと、推量できるのです。

現代までの三千説では、十法界うんぬんは、一様に説明するのですが、百法界については、説明は皆無だといっても、よいのではなかろうかと、考えられます。

幻の一念三千説

一念三千は、日蓮教学、天台教学、その他の宗派をみましても、一応根本の教義となっているようです。

今日までの一念三千説というものをふり返ってみますと、その構造性についての説明は、構造の一部分を説いたというだけで、ほんとうの意味で、構造の相互における質、働きに関しては、触れられていないように見受けられます。

一念三千という四字は、文字であると同時に、その中に数詞を含んでいることに、注目して、よく吟味する必要があると思います。

一念にしろ、三千という表現にしろ、その構造を踏まえた数量認識、質を踏まえた数質認識だけでなく、変化変移した数の、動態把握がなければ、時々刻々変化する現象世界には無力だといっても、過言ではないと思います。

一念はココロである、一瞬の心であるという、観光ガイド的な解説では、その中にある実体は、永遠に分からずに終ってしまいます。

また一念三千説は生命哲学であるといっても、どこまでも観念的な認識であって、実体をともなっていないので、自己満足と幻想以外の何ものでもありません。

私たちは、智顗（五三八）の⑦午の仏者からの複写を繰りかえしている仏教観を卒業しなければなりません。なぜかと問うまでもなく、現在に生きる立場からみた場合、当然それは科学的な実証と、一致しなければ、砂上の楼閣で、波がくれば跡形も無くなります。よくても蜃気楼の幻でしかありません。

言うまでもなく、現象の世界は科学の世界です。もし、仏説を真なりとすれば、時間は止まったままで、止まった時計を見ているといえるでしょう。時代も、生命も、刻々移り変わっているのです。変化しているのです。

私は一念三千という文字を見つめることによって、そのように感じます。

ご存知のように、一念三千説は、中国の天台大師の摩訶止観《まかしかん》を通して、仏教の世界に急激にクローズアップしてきたのですが、「止観」ということを一言でいいますと、座禅です。だから座禅を通さない、知識の上だけでは、観ることを止めるのですから、内部に向かってのものです。

現代は一千年前の、鎌倉期ではないということを、しっかり頭に入れておかなければなりません。

仮に一念三千説が生命哲学とした場合、理、事、言、場、序と、物の中の生命、人と人の間における、我と汝、心は心だけではなく、物によっても動き、言によっても、方向性においても、正が反になったりする現実世界では、努力が無力となりうるのです。

一念についても、仁王経では「九十の刹那を一念とする」という説があります。また六十刹那であるとする説もありますが、これはどこまでも、仏教者の立場から、このように考えた、このように見たという解釈であって、普遍的な科学性に基づいた解釈、認識ではないのです。

私はカズタマの研究において開けた、第三の眼、頭頂、頭光、球光の実体験を通して、一念の「念」を三分割して、一と今と、心に分離して読み返した時に、理解できたのは、五十音による、「イチ」は、ア行、ワ行、ヤ行のそれぞれの「イチ」があることに気づいたのです。（巻末の音霊数参照）

ア行における「イ《5》チ《20》」は5＋20＝25。ヤ行における「イ《40》チ《20》」は40＋20＝60。ワ行における「ヰチ」は50＋20＝70。

25＋60＋70＝155。この155はア・ヤ・ワの三行に成る数字なので、三行に共通の基本数は⑤であることが分かったのです。除法で読みますと、25÷5＝5、60÷5＝12、70÷5＝14。その合計は5＋12＋14＝31。

総合における25＋60＋70＝155、155÷5＝31。この31は「マ」音の象数が浮上してきたのです。

31はまた、10・10・10・①の⚹型の、5＋5＋5＋5＋5＋5＋①＝31となる理が内在している事《こと》の理《ことわり》に気づいたのです。事はまた九《こ》・十《と》でもあり、事とは「ジ」と読めますので、「ジ」は「時《じ》」にも通じる潜象意が文字に内包されていることも、理解されたのです。

佐渡に流された日蓮は、はじめて「事」の真意が読めてきています。鎌倉時代の熱気を帯びた日蓮も、死の渕を覗くことによって、座禅を離れた場と時と命の一体観を感じたことによって、初めて、「仏法を学ぶためには、まず時を学ばなければならない」という心境になった時に、事《じ》と時《じ》・慈《じ》・辞《じ》の四重の言霊の理を悟ることができたなと思います。

だから、すぐ『撰時鈔』を書いたのでしょうが、むしろ、自分自身の「撰自生」を二部に書き分けたのだと思います。だから、晩年の日蓮の言葉は、鎌倉期の狂気じみた言動から、一八〇度も急転回した、慈愛に満ちた言葉に変言しているのも、潜在に湧出されたからだろうと思います。第三者の目からみますと、書いたのではなく、潜在に書かされたのだなと、思うのです。

『開目鈔』で、「一念三千の法門は、但法華経の本門寿量品の文の底にしづめたり」と、また『観心本尊抄』に「此れ即ち己心の三千具足、三種の世間なり。迹門十四品には未だ之を解かず。法華経の内に於ても時機未熟の故か」と述べている点からみても、日蓮の心変わりが読めるのです。（鈔が抄に変化しています）

ここに書かれてある文の「十四品」は、現代観から再読しますと、正三角形八面体と、正四角形六面体が一体で球となり回転する十四面体を、おぼろげにも感じたのではないだろうか。
（8＋6＝14）

当時の日蓮は「十四品」が十四面体を写していようとは、夢にも思わなかったのでしょう。

「時機未熟の故か」と書いたのでしょう。
参考までに補足しておきますと、古代中国の天台大師智顗の誕生年は、A.D.五三八年の⑦午年、日蓮は貞応元年（A.D.一二二二年）⑦午で、時間数は、六百八十四年間の時間場の差があっても、同数同場が無意識のうちに、共鳴作用を起こしているのです。この心的反応は、同極相反する磁極と似ているのです。呼応しながら反目するのも、潜象で、無意識のうちに作動するようです。

だから、『富《12》木《4》入《2》道《13》御返事』に「一念三千の観法に二つあり。一には理、二には事なり。天台・伝教等の御時には理なり。今は事なり。観念すでに勝る故に、大難又色まさる。彼は迹門の一念三千、此れは本門の一念三千なり」と書いている点からみても、人名である「富《12》木《4》入《2》道《13》」の総数は、12＋4＋2＋13＝31（道は旧漢字）で、著者の創案になる「タマ結び」では、一柱11玉結びで、一軸に⑤個の玉が、中心の玉場に、5・〇・5と数珠つなぎとなる理法を、手に持つ数珠から、連想したのではないかと思われます。

⑤個の玉は、「妙法蓮華経」の5字を、想念のうちに浮かび上がらせたのではないかと思われます。「南無」の二字を加えると、七字になるので、三千説とは直接結びつかないからです。その理由は、幾何図形の十四面体を使えば、誰でも理解できるのです。だが鎌倉期では、日蓮は

明確な知見には至っておりません。

だから、著者の霊線にふれて、「日蓮破れたり」の、次元を突発する衝激波の大音声で否定されたのでしょう。

十四面体の一方を固定化された一面の観念論は、動態の存在論の時間場によって、破れたのです。

たとえ、日蓮が今は事なりと語ろうとも、所詮、説話の中の孫悟空にみえるのです。

その意味では、時・場・序・言を玉結びした、動態存在論の事観の中では、影像であり、幻影でしかないのです。だから、百法界を玉表現できないのです。

百法界が文献を離れて、日蓮が自著の『開目鈔』の中で、「此の経計り一念三千の玉をいだけり」と、心観を物質化した文字を「玉」として認識して、「計《はか》」ったとしても、玉結びの原理と、動態変化の「多間《たま》結び」が、時を座標軸として変位・変換する、動態把握がなければ、空中に描く、水中に描く一念三千説である限りでは、現代の物質社会の一駒の事象を拾いあげて、自動車事故、倒産、一家心中、親が子を殺し、子が親を殺す悪事の一例についても、一念三千説は、無力です。宗教団体が、ツアーを組んで本山に行く途中、事故を起こし、アッという間に、死となる事象が起こる世の中です。信仰心が足らないという一言ではかたづけられない命の空間場があるのです。

この空間場を占有する、自命と、他命の共存する時空合体の方向性が掴まえられない三千説は、時間が停止した論でしかないと、結論せざるをえないのです。

否定するだけでなく、玉結びで図形化してみますと、次のようなデッサンが描かれます。

静態的には、三千は、数論の系は、亀甲の⚹の三系に千・千・千と三結びできますが、この系では交点の一点が、説明できません。この交点は有であり無でもありながら、有無でもなく、無有でもない、カミ合った点は穴《あな》であり、通過場です。古中国の哲人・老子が「谷神」と表現した実相は、まさしくこの理をとらえているようです。

生命論を論点の中心におきますと、父・母・子の三命の系が、時と場において、我が命が生まれ出る理と、同じ理に立たなければ、一人だけの命では、存在は無いのです。これは空間における、絶対場です。一心を観る観法だけでは、生命の道は説けません。（拙著『数霊の四次元』参照）

百法界は○と□の二種ある

現代までの一念三千説の解説では、十法界は一様説明しております。だが、百法界となりますと、智顗の説をコピーして説明するだけで、そこに理の一念三千、事の一念三千を分別的に説いたとしても、どこまでも観念論の範疇で、具体的に、現実生活に摘要するには、多分に難点があります。

だが、著者が提唱するカズタマの数理構造によりますと、物心両面に活用できるだけでなく、

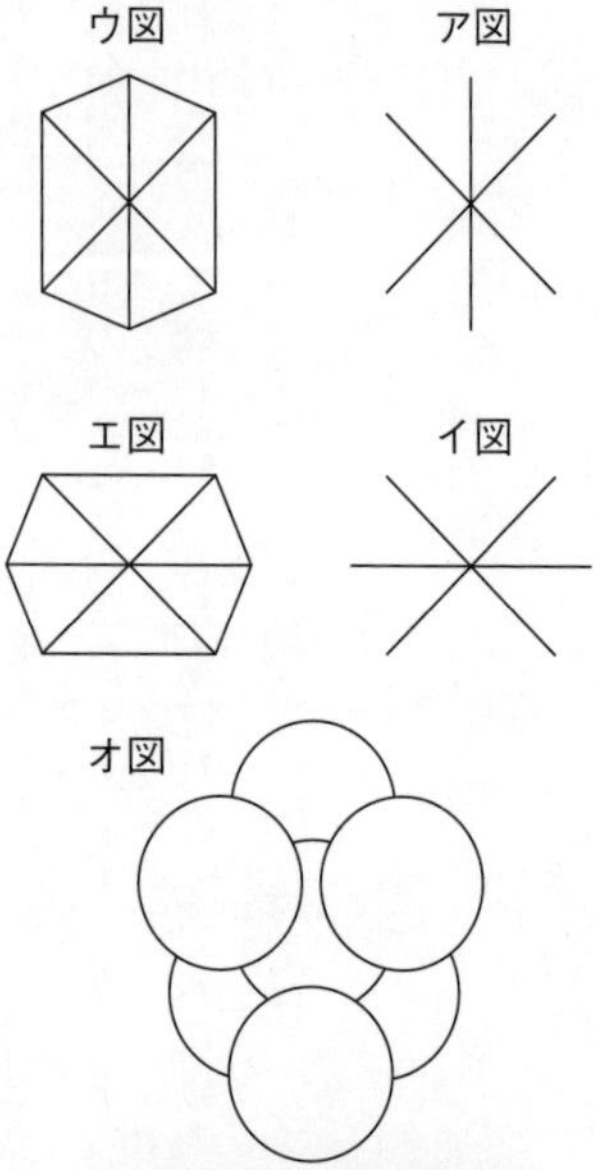

七曜における立体球

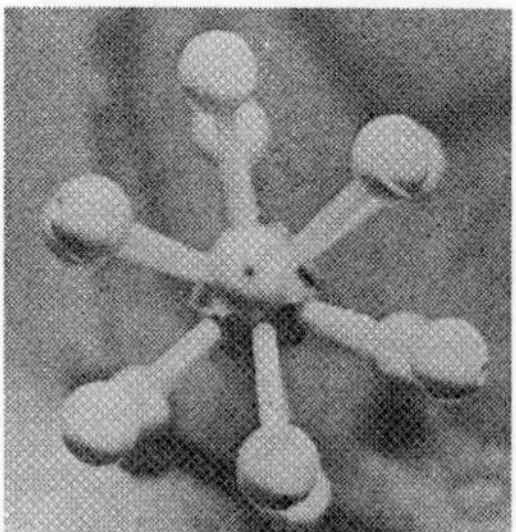
亀甲紋

物質・精神の両界にわたって、統一理論として、数理展開が可能です。

数理展開が可能といいますと、静止した論理でなく、過・現・未を貫通する時間数により、周期波動による動態解釈により、今なる時と一体で数読み可能なことを、実証しているからです。その意味では、仏法の大革命思想の数理論であるといえます。

円形による円環の縦結び図を示しますと、次のようになります。

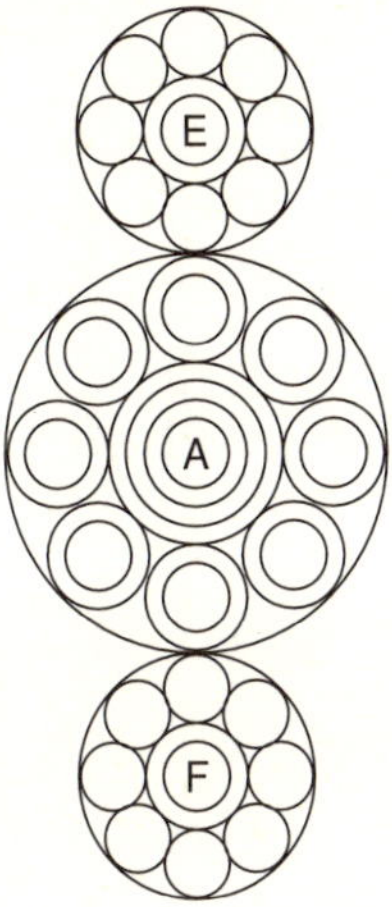

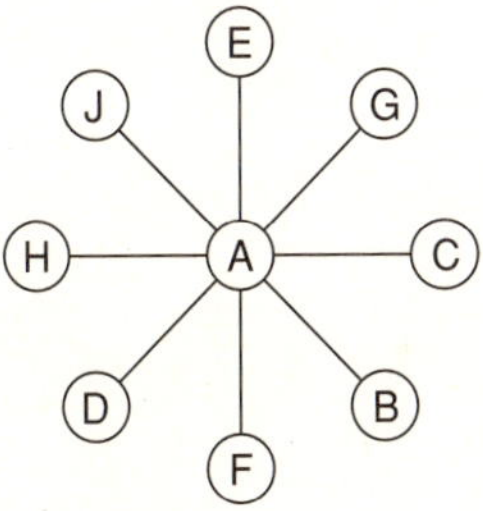

理解しやすいように、✳型の系より、縦系の一柱のみを抽出した図形で、○─○─○の一柱のみを図示しましたが、E円の玉数⑧・F円の玉数⑧と大円の円周に結ばれるA円は二重円となっているので、8×2＝16、8×2＝16となり、合して⑯＋⑯＝㉜　となります。
智顗説に従いますと、米字形では、㉜×2＝(64)となります。大円は二重環となっていますか

ら、64×2＝128となります。

　また智顗が、三番の止観につけば、384とありと語っている数量とも一致します。

　「一心の止観には64あり、合して512あり」の円数は、大円の128×4＝512数となりますから、数理的にも一致します。

　だが智顗の止観による時間停止の止観では、せいぜいここまでです。静態論での説明では、それ以上の心の在り方は、解読不可能です。

　方形の百法界を田型で示しますと、次の数図形となります。

上図

中図

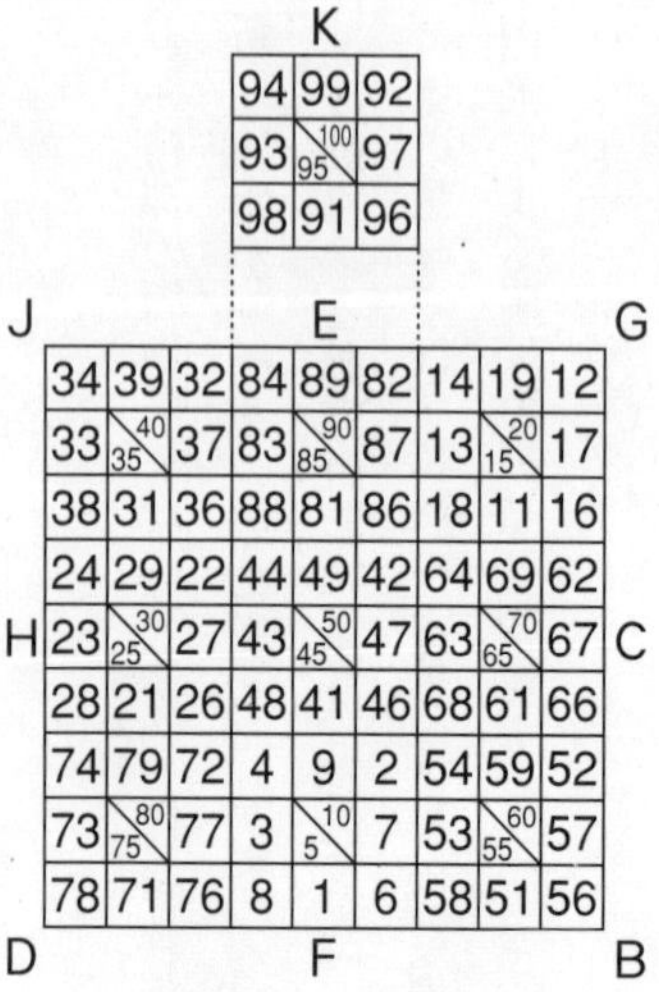

（100法界方型数理）

下図

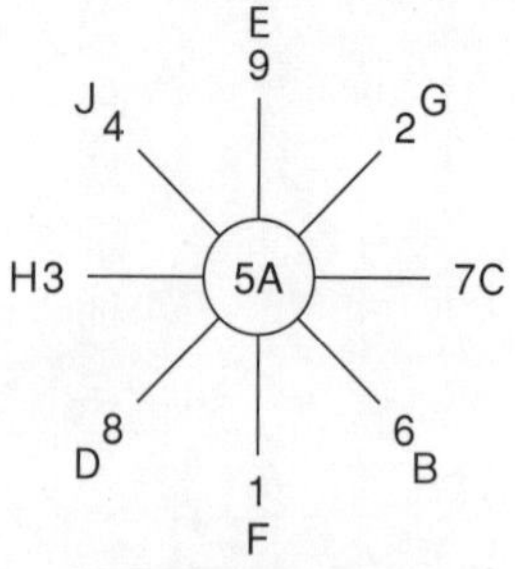

（10法界基本数理）

右の数図形は、10×10＝百法界の在り方を方形に把握した数理で、上図は説明上、切り離した方形で、中図の中央の数理と重合します。基本形は井桁の田です。

中図の中央下段の方形は、天台系では、智顗・最澄・日蓮も共通の数理を使用していますから、静態論の中での知見であり、そこに創造者の目を読み取ることはできません。

時間の視点と、時間推移の動態把握には至りませんので、時代の隔絶の差を考えざるをえません。

一念三千説をカズタマ結びから図形化しますと、一柱が一〇〇〇個の玉数を、水字形の✳型に結びますと、中央の親玉の大円を囲んで、500個・〇・500個となりますから、中央の交点の零位が不明で、説かれていないのです。たとえ、一心三観の三観に当ると、短絡的に考えた場合は、中央の親玉は三重環とならなければ、数理としての一〇〇〇世界とはならないので、基本の視点に、大欠陥を内包していることになります。ダルマの両眼の白眼に、黒い目玉を描くことは不可能です。

百法界方形図の各界層の、界層の数を加えますと、下図のアルファベット順の①FG11H21J31A41B51C61D71E81K91と配数ができます。

一つの数が十界ずつ増加しますと、十法界では、F10G20H30J40A50B60C70D80E90K

100個の数が配数化されます。

だから、たんに10×10＝百法界であるというだけでは、質的には理が違うということです。

当然、三十世間の在り方も、一念三千の在り方も、理解できないまま、幻影としての十法界を語り、百法界を語り、一念三千世界を語っているに過ぎません。

活用できる説ではなく、知識のみが闊歩する、説明のための説明に終わっているといっても、過言ではないといえます。

真理としての理は、たんなる飾りにおける、説明のための説明としての知識ではなく、活用してこそ、はじめて理が真理として、光り輝くと思うのですが、どうでしょうか。

道元はこの論理と、言葉文字だけでは、理・事一体の真法は掴めないと、言葉文字を捨てて、ひたすら、無言で瞑想して座ったのではないでしょうか。

自然数の順逆並列によってなる合縁の十一数は、日本天台の祖である最澄が『本理大綱集』で語っている「顕宗は十界各別」「密宗は十界一如」ということが、10数が象徴する「仏」となることは、数理《あまのことわり》の11数により総括されて一如となりますから、

「十一法界」

こそが、仏界の壁を突破する指標とならなければと思います。

大事な視点は、平面観の二次元的な解釈を立体として、球体として、一考も二考もする必要がありそうです。しかも、年の時間座標から、周期波動と、順逆対応と、回流してくる、今中の年と、三種の時間と、原点座標と合体した、四次元の、生命核と合体統一して、数と言と場と序を時により統一して、心だけの個だけでなく、他との対応における、相対と、外部からの六方の要件をも、包合する解釈こそ、十一法界の六次元の未知なる世界を、これからの、二十一世紀の道を歩まざるをえない、必然的な時が、やってくるだろうと思います。

第二部　道元の「道」と時観

道元の誕生年と日蓮の誕生年

鎌倉期の仏者としては道元の静と、日蓮の動との対比は、仏者としての行動だけでなく、両者の生い立ちにおいても異なったものがあります。道元は当時の社会環境では、貴族の出身であるのに対して、日蓮は名もない、田舎の漁師の子として生まれているように、社会的には、大きな人生の出発点で、上下の差の中で、誕生しております。

だが仏者としては、日本天台系の中で、名を立て、独自の宗派を、両者共に打ち立てております。

道元には、社会的な迫害、同系の比叡山の僧侶のねたみにより、寛元元年（一二四三）夏頃、越前の国に難を避けたぐらいで、大きな法難というものはありません。

これにひきかえ、後輩の日蓮は、鎌倉の辻説法以来、迫害・法難は数えきれないほどで、流罪は二度もあり、生死の境を経験しております。

遊学においても、道元は宋へ渡海して、高僧に師事して、禅を身に体得して帰国しております。——日蓮の場合は、人脈もなく、金もなく、体当たりの行動における、法華経の行者として、自己と社会の壁を破ろうとして、地震・大火・水害などの災害などによる、人心動揺の中で、海の向こうの大国である元からの国書提出などに絡んで、朝廷と幕府との動揺につけこんだと思われる、法華経の弘宣活動が、挫折を受けております。満を持した『立正安国論』も、幕府によって黙殺されております。

この両者の運命的な差は、どこにあったのでしょうか。この謎を解く鍵は、「時」「場」と「序」「言」と方向性にあるのです。

道元は「道」を日蓮は「時」を視座にすえております。

道元の誕生年から命運を解く

誕生時とその命質を知るためには、この世に生をえた「正治《しょうじ》二年一月、京都に生まれる」という、年譜だけを拾い出し、そして「建仁《けんじ》二年、父・久我通親《こがみちちか》、死す。母は承元《しょうげん》元年、松殿基房《まつどのもとふさ》の三女で、死す」という記録だけで、道元の、「短い五十四歳、建長《けんちょう》五年八月死す」、という点表現をするには、まず命の座標として、そこに生死の固定された「時」を、これだと認定するには、曖昧さが多く、謎の迷路に入り込んでしまいます。

誕生時の前後の時代相も、混沌で、混乱しており、道元が生まれた年から、八歳までの、八年間に、なんと年号が、六回も変わっておりますので、この年号を座標には使用できません。どうしても一本道の命道を掴まえなければなりません。今生の出発点です。

年号の正治から「治」のある年号を探りますと、当時使用されている干支では、庚申から、乙巳まで遡りますと、そこが、平氏滅亡と安徳天皇入水死という、時代の大変革年を歴史上にとらえることができます。

十干では、乙と庚は、干合といって、呼び合って、質変化する干支年となっております。十二支は、直接呼び合ってはおりませんが、巳・申で相互に凶性を帯びる支となっております。だが、一月生まれですから、暦法では前年の巳未の丑月となりますから、ここでも、どんでん返りの反転冲《ちゅう》となっております。現在的な解釈をしますと、時間が空間へと、ねじれる、メビウスの輪となり、表が裏に、裏が表へと反転しますが、一本の時となっているのです。もっと分かりやすく説明しますと、一日は太陽の昼あり、月の夜ありの自然の移ろいに似ている作用です。

三十三歳の年に書き始めた、『正《5》法《8》眼《11》蔵《18》』(蔵は旧漢字の画数)は42画の単数⑥で、全九十五巻まで、書き続けてなった本です。この巻数の序数の中にも、秘められた命質の変遷が、一貫した時流の西暦年数を採用しますと、生死の謎も、数の上に照らし出されてきます。(江戸期に入って編纂される)

九十五巻は本山版と流布本を合わせた巻数で、別説では、七十五巻と十二巻本の計八十七巻という説もあり、この八十七巻を単数化しますと、⑥となり、『正法眼蔵』の書名数の単数⑥となり、相似となっております。不思議なことに、七十五巻は7＋5＝12となって、十二巻本と同数で、ここにも相似の対応を見ることができます。

十法界を象徴する、自然数の①〜⑩までの順逆対応の中央で、5・6、6・5と対交互換する象意を示しているのに、気づくのです。

さらに不思議なことに、『正法眼蔵《しょうぼうがんぞう》』の第九十二巻に、「生死」を真正面から見つめており、その中に「おもてをみなみにして北斗をみんとするがごとし」とありますが、この中の文書にある「北斗」に絡んで、「みなみ」南の対向に目を向けた視線がみられます。干支年号では寛喜三年の三十一歳となった時に、『弁道話』一巻を著わしております。この年の前年、北条幕府が、我が国で最初の「徳政」が、執権泰時の名によって、発せられております。

当時の僧名は、「希玄道元」を使用しております。この名にすでに、北方の北斗にちなんだ「玄」字を使用しております。その他にも「道玄」を使用したようです。

これらの文字は、使用の潜在には、老子の『道徳経』の理念に内在する、生死観と、空・無の思想が、仏法の勉学の下支えとなっているように考えられます。なぜかと言うまでもなく、老子の理念の柱となっているのが、「道」だからです。

老子の道徳経は八十一章の、9×9＝81章で締め括っていますので、道元は八十一章を越えた、九十五巻で締め括っているだけでなく、仏法の骨組みの、九法界の中心に該当する九十五巻まで次々と時を刻むように、書き続けております。

九十五巻は、百法界の中心に回帰する95数に該当するからです。

巻数95を単数化しますと、道元が母の胎内に宿ったA.D.一一九九年己未年の⑤×破壊に当たる象数となっております。誕生は翌年一月で、西暦ではA.D.一二〇〇年、干支では庚申です。

年表によりますと、正治二年一月京都に生まれると、何種類かの道元本にある年譜と照合しても、年月は一致しております。

暦法では生まれた一月二日は、西暦に換算しますと、一月二十六日になりますから、一月節内に生まれたことは、動かすことのできない年月だと思いますから、この時点を座標とします。

胎生した時の母・伊子は関白家の姫君として、恵まれた家系に生まれております。母の誕生は、A.D.一一六九年己丑生まれの⑧丑です。

時間数では、②×破壊と⑤×破壊を内包しておりますから、たとえ、恵まれた家系に生まれた母であっても、政略結婚の波から逃げることはできません。

若き日の一時期、京都に陣取った木曽義仲の側室であったとか、再婚したとかの説は、他の史書にゆずるとして、道元が幼名・文殊丸として誕生した、母子が共通の時を内包した時の、母の命質は、八年周期なので、周期波動を取ってみますと、女性は逆流でなく、順流に変移しますから、順②辰逆⑤戌、文殊丸が生命の土壌の破壊性を、ヘソの緒をとおして、時命を共有しているのが分かります。

この共有した時命が、現象世界に投げ出され、成長して道元となった時の文に、判断の視座が常に二卵性的な、併列対応的な表現の、原点的な思考の素因が、胎生の異次元と、現象界の明と闇が、二分一体、二にして一、一にして二の即一に連結されるのです。

文《4》殊《10》丸《3》が八歳の年に、母・伊子が死亡しています。幼名の画数17（1+7=8）は単数⑧で、その⑧数をそっくり、今生に写し出しています。

文《4》殊《10》丸《3》の誕生は、A.D.一二〇〇年庚申一月生まれですから、前年の一一九九年②未・⑧丑で、母の命時が、破壊される時に生まれております。ここにも反転型の命時が内在して、遺伝を受け継いでおります。分かりやすく、方形の井桁でとらえますと、次のような時間質を内蔵しております。

生年の座標

	巳	午	未	
辰	1	6	8	申
卯	9	2	4	酉
寅	×5	7	3	戌
	丑	子	亥	

生月の座標

	巳	午	未	
辰	7	3	5	申
卯	6	8	1	酉
寅	×2	4	9	戌
	丑	子	亥	

※×印は破壊数を示す。

母は、⑧丑年が生命場ですから、子の⑧×未となって、子の生年②は、母の②×丑の破壊性を帯びて、十二支場では、母未―丑子の対向型で、相互に傷つきやすい、情感の持ち主であり、相互に傷つきながらも呼び合う命質が内在しているのが、数のうえで読みとれます。

母の生年⑧数は、子の⑧×未となりながらも、中央で同時共鳴し、⑧＋②＝⑩となり、順逆反転と融和の命質となっております。

その相互の命質の核となる部所で、⑤・⑥、⑥・⑤と×形でねじれ作用と、順逆反転作用が生じやすい体質が見られます。

⑤数は宿縁・宿業を意味する象数で、⑥数は父における権力闘争・戦いという凶性の象数であり、月日対応にみる子《ね》の場に⑦と④があることは、7＋4＝⑪の養子縁組が生じる数意を示

しております。（⑪数は一名養子数と呼ぶ）

丑の場は父方の家系を示す場ですから、そこに年月で⑤×・②×の二つの破壊性を孕んでいます。未の場は母方の家系を示す場で、そこに⑧×・⑤×の破壊性を孕んでいることが、子《ね》の場に立ってみると、悩み多き幼少期の、心の傷が生じていても、命核の②＋⑧＝⑩の抱合・融和作用により、自己の中で消化させる潜在心が、幼名・文《4》殊《10》丸《3》（4＋10＋3＝17・⑧）の名数が、カズタマ理論でいう、破壊即建設的な心的作用を、父の久《3》我《7》通《11》親《10》の⑩と27⑨の名数により、反発が、ねじれ作用により、自発的に回流したであろうと、思います。

生年の周期波動は、②未年ですから、逆波動となりますから、父母の死が、小回りの二年周期で、二年毎に括りますと、八歳までは、

未　午　巳　辰
②→①→⑨→⑧——順（逆反転）
　　　　　　　対応破壊と原点破壊の発生期
②→③→④→⑤——逆（順反転）
未　申　酉　戌

父の久我通親（姓名数37＝①）はA.D.一二〇〇年の二歳の年に死別。母は四回目の周期内の破壊

期の一二〇五年⑧《×》破壊年に死別し、伯父である松《8》殿《13》師《10》家《10》（内大臣）に養子縁組して、松《8》殿《13》文《4》殊《10》丸《3》（38画）となります。養父とは地数同志で吸引しております。この人界における人心の潜象理は、既存の仏法説では読めません。

道元の誕生にまつわる謎

西暦表現をとっておられる年譜製作者により、年歳を満年齢で採っている場合と、数え年で採っている場合では、計数的には、生と死の、極時点に、一年の差が生じますので、注意しなければなりません。

干支表現になる年季は、正治二年ですが、一月丑月ですから、暦法的には、前年の正治元年の節としてみます。

また、西暦に換算しますと、一月二十六日の数値をとる年譜製作者もおられますが、たとえ閏年であったとしても、年月対応では、共に⑧丑月となります。

実質的に一一九九年としますと、②未年と⑧丑月となり、時数は地数系列上にあり、十二支は、未―丑―冲となる、反転型の命理を内在して誕生していることが分かります。

数質が示す象意は、父方と母方の凶性を孕んでいることが、読めてきます。

この潜象理は、因は縁を求め、縁は新しい、古い縁を求め、因の真因を、時と言と序と場における、相互共鳴作用が、場の器が形成されますと、自動的に働いてきます。

本人には相似の命質があっても、知ることはありません。この潜象における吸引作用は、場を共有した人同志は知るよしもありません。なんとなく「うまが合う」という言葉があるように、系列によって吸引作用が生じるのです。

道元の法名が示すように、日本天台の祖師である最《12》澄《15》の名数の単数12＋15＝27＝⑨と、道《13》元《4》の単数⑧は、天数系列に内包される、2・5・8の地数となっておりますから、あとは時命となる誕生年が吸引共鳴し、潜在の命数系列をたどります。日本天台の祖師である最澄は、A.D.七六七年未年に誕生していますので、後代の道元の誕生年②未と同質吸引作用が生じていますので、死去する年齢までも同質内の年齢で共有しているだけでなく、本書で歴史上初めて浮上した、時間における、順逆周期波動のままに、共通な軌跡を示しているのが確認できます。

この潜象理は、後代の深層心理学者の、フロイド、ユングも読めなかった、命の軌道です。命の軌道ということは、心の軌道も、共通な数理波動で把握可能を証しているのです。本書の始めの方で、「ユング破れたり」と書かされた理由とも連結されているのです。

この潜象理は、言葉を代表する「名」においても、数の呼び合い現象はあるのです。

現代科学では、トンネル現象という理論がありますが、日本と中国を、海で遮《さえぎ》られていようとも、大地はつながっているのです。大地が連結されているということは、天空は共有しているということですが、場の位置はたとえ違っていても、時と言により、同じ場を共有することにより、同時同発的に、貫通して共鳴作用を起こします。

この潜象理をよく証しているのが、道元が渡宋した時、中国の天《4》童《12》山《3》景《12》徳《14》寺《6》の寺名数は、⑲と㉜の計(51)の単数⑥となる名数をもっており、その寺の住持は如《6》浄《11》（6＋11＝17＝⑧）で、中国では無名の禅僧だったようです。

中国では一介の仏法求道者の無名の道《13》元《4》（13＋4＝17＝⑧）は、日本では貴族出身ではあっても、宋国では無名の若僧でしかないのです。

ここに無名同志が、時と場と、禅という方向性をうることにより、✳印の系により、この交点の無が有となり、光点となり、心光が信仰上で相互に、同時同発的に糾合したのでしょう。ここに両者の潜在心の魂《たま》と魂《たま》とが感伝交合し、数と数が同質化したのです。

道元が在宋中に書きとめたものを一冊の本にまとめた『宝慶記』には、漢文表記になる七字七字、七字七字の二十八字の文句の中に、

「時に道元が和尚の足下で拝し、時には道元が感涙して襟を沾《うるお》す」

とありますが、著者の仏教講演で、尼さんが三時間も涙したという例を書いておりますから、道元が涙したのは事実だろうと思います。

文字配置の七字七字、七字七字は、亀甲による⬡⬡・⬡⬡の配置で、◈となる象意が読みとれます。この潜象形が、風鈴の頌句となって、風の動態性を導入し、西天東地の十字形象をも訓みこんでおりますから、象形としますと、◈の風の軌道をも織り込んでいるようです。直観力の鋭さが理解できるだけでなく、天地東西でなく、西天東地と入れ替えて、日月の移動をも瞬時に把握しているだけでなく、時を三個所に配字していますので、✳系をも把握した心象は、詩人と画家の才能をも感じるのです。だから、初めて逢った、禅僧を、無名だから、これはすごい、と、驚きと感激が一つに融和したのでしょう。はるばる海を渡ったことすら忘れ去っているようです。師は仏の生まれかわりではないかと、一瞬感じたようです。経典の中で仏を探し求めたことが遠い彼方にふっとんで、書籍経典ではなく、禅が、無有一体の空の中に仏を見ると同時に、我もまた仏と一体と感じたのかもしれません。

一日見た如浄こそ、我が師であり、父を越えた、たった一人の先師が与えられたことに泣いたのではなく、泣こうとして涙したのではなく、ありがたい、もったいない、どうかお導き下さいと祈ったのでしょう。自然に法水としての涙が両眼から、襟をも濡らしたのでしょう。分かる気がいたします。

自命に目覚めた道元

比叡山の延暦寺戒壇院で、菩提戒を受けた年は、A.D.一二一三年建保元年・癸酉年で、八回目の周期波動期で、順④子・逆⑨寅の周期内の⑦酉で、生年②未の命核が、大地を破り地表に新生の芽が現われた時で、法名に使用した「道《13》元《4》」17画の⑧数が、智性発現の場である午の場に現出された、改革数⑧です。

後代の学者が、道元を哲学者ととらえている素質の発芽は、生年②と今中《いまなか》の時である、⑦と、②—⑦火局場が形成されたことによって、口を折る「哲学」を秘める、禅道へ一歩を踏み出す季《とき》を示しております。老子が語る「冲《ちゅう》をもって和を成す」言葉の真意が、時数上に数表現されております。

波動数は順④・逆⑨で、吸引和合して⑦数が、命質の子《ね》の場の⑦と吸引すると同時に、命核②と⑦が結合して火局化して⑨の智性の開眼を示しております。

道《13》元《4》の名数は13＋4＝17・1＋7＝⑧で、八年周期で名質変化を刻《きざ》みます。（旧漢字）単数化しますと、13画は1＋3＝④となり、4・4並列となって、命質の子《ね》の場にある⑦と連結され

ます。（並列数一覧表を参照）

この目に見えない潜象理が発動する媒介となったのが「道元」の名数です。

この名数17と、如《6》浄《11》の名数17（旧漢字）とが、真水に真水を加えて、真水は一体となり、数量が増して、相互にプラス作用が発現します。その意味では、道元禅は師の如浄禅でもあるのです。後に『現成公按』を発表すると同時に、『正法眼蔵』を書き始めたのも、その遠因は、時名吸引にあるのです。

どのように吸引したかといいますと、時は絶対です。時がなければ、仏法はありません。仏法がなければブッダも在りません。自分自身の命もありません。この絶対場こそ、命であります。この命時一体に立って、過現未の三元が一体で、生命場に名づけられた名と一体で、方向が定まってきます。

この名場と名時が一体のところに、生命の流れが自動的に、三方向の中の一方向が選び出され、命運が決定づけられるのです。

名は言語の存在場からの方向性を定める、社会空間の手形でもあるのです。時命一体の方向を示す系は、水字形の＊で、6画の⑥数が象徴しているのです。

漢字は潜象理を写し出す鏡でもあり、その鏡面がどちらへ向くかによって、見えない方向場の在り様が写し出されます。その意味では、名は名を呼び、人間と人間との「間」の媒体でもあるのです。

この間《ま》は表意文字からみますと、日の門でもあり、日輪が門の中に昇ってくるのです。月では間とはならないのです。そこに人間存在の何たるかを、文字の6画が写し出しているのです。間は12画で、十二支場をも共有しています。そこに太陽の位相があります。

道元の生年②からみますと、④が象徴する道路が西門にあったのが、菩薩戒を受けた癸酉年で、十干は終わりの干を示していますので、西門から北門の命の流出口である、子《ね》の場へ、九〇度変位しております。

子《ね》の場へ変位すると、4は7に変化してくることによって、命核の②と呼び合って結合して、⑨に変質して、彎曲して、太陽の門を象徴する卯《う》の場の⑨と吸合いたします。

この潜象理が形成されることによって、横次元の⑨・②・④が三結びされて、連動が始まってくることを示しています。

メビウスの輪となった数が時名一体化して、自動的に軌道を写し出してきます。道元の道観への道開きが、生命場の原点場からの、八回目の周期によって、8画が象徴する門が開かれたのです。仏教でいう、八聖道です。

漢字で表現する「聖」はヒジリであり、日知りでもあるのです。日知りでなければ、仏法は消えてしまうと、極論できる、一要因はここにあるのです。

入宋のため渡海した年は、A.D.一二二三年で、⑧数未年で、後輩の日蓮が生まれたA.D.一二二二年⑦午年とは、背中合わせとなっておりますから、両者が成長後に行動を起こす時には、無意識のうちに、時の軌道を通って、時空を超えて共鳴作用が作動するのです。

それを裏づけるように、日蓮の改名年が②丑年で、道元の原命時数が、対極となって呼び合い、②未年で、老子が説く、冲《ちゅう》もって和合する潜象理を、生命場によって、相互に時空を超えて、道元の静における禅と、日蓮の動における法華経の文献と、文献否定の無における道観が、同発的に、鎌倉期という時代の器の中で向かい合っております。

向かい合うことは、生において向かい合い、合うことは、生の対局である死においても、必然的に呼び合ってくるようです。

道元が亡くなった年は②丑で、日蓮が改名した年が、同じ②丑となって、同質化しているのです。法華経の不可思議竟というのはこのような、時空を超えた、有と無の対峙の一点《てん》の交点の天《てん》の無理の開門と閉門を貫通する道かもしれません。その境界に名づけたのかもしれません。だから、閉門と開門は、夜と昼の暗と明。天象では月と太陽の門かもしれません。だから、竟[11]

の左側に土と書けば、境となり、金を書けば、鏡となる字観は、時観でもあるといえそうです。

沖縄の古琉球では、太陽の昇る東をアガリ、太陽が沈む西をイリと呼び、洞窟のガマを通って、再び昇る太陽の道ととらえている言い伝えの古道も、ここに連結されているのかもしれません。

古琉球へ日本文化が本格的に取り入れられた時期は、室町期へ入った頃からです。その潜在では、崇神・垂仁天皇の時代まで遡れます。また、古琉球の祭祀は南から北へ向かう、南朝鮮までつながっております。その意味では、円環上の霊線軌道があるのかもしれません。

現成公按に周期説を観る

「現《11》成《7》公《4》按《9》」は寛喜三年（一二三一）辛卯⑦数年に書かれております。（成は旧漢字）
この『現成公按《げんせいこうあん》』と『正法眼蔵』は別々に見えて一体であり、ここから、道元の本格的な時間と存在の問題探究が始まっております。
西暦年数の四つの位取りの数は、道元を通り越して、老子の道徳経八十一巻の数によって、それぞれの意味づけがみられます。
一は二を生じ、二は三を生じ、三は万物を生ずとの論点の中で、下一桁の一を新しく加えられている、時流の中で描かれた時の断面です。1＋2＋3＝6。⑥と下四つ目の数は「一」となり、⑥→①の水局作用が、時間の中に織り込まれているのを発見するのです。

道元は西暦年数は未知なる時流の軌跡で、十年毎に一次元位が増加される理があり、九年目で位取りは満配となり、十年目には、下より二段目の階層の縦系の中に積み上がってきます。

道元は「前後際断」と現成公按の中で書いております。

既存の解釈では、「前後際」と「断」に区切って読む考えと、諸法実相の立場から、前後の中に「中」を取り込み、前を「初」に入れ替えて、「初中後際断」と読むのだとの、説もあります。

これらの説にとらわれることなく、四文字を熟知でなく修学の中で角度を替えて読みますと、いいい、前後際断は、前と後際断、前後と際断、前後際と断、前断と後際、に入れ替えて読むこともできます。

これらの細切れの文字を、よくよく眺めますと、物事の初めの時点を座標にしますと、誕生年に該当しているようです。

この初出の時点を時場として、周期を展開しますと、初めの周期と次の周期は際断されて、時間数の繋時によって、自然数の連続の中でつながります。截断されたのではなく、再びつながっているのです。

丁度、水を切ったとしても、瞬時につながって一体化しているのと、同じ論法です。前後を左右、上下として、水字形としてとらえますと、正三角形八面体の図形が浮上してきます。

水字形の頂角は六個所ありますから、六法に連繫します。

回転して座標からみますと、七回目が、破局期を形成します。この論法が、道元には見られませんので、平面観になる、観念論で、現象論として吟味しますと、未解部分の、見えない場がありますから、時と存在の哲学だとは、とうてい考えられないのです。画一的な「現成公按」の説だけでは、横糸ではあっても、縦糸における、上下論が見えませんから、現象の布面に映像を再現する、ことはできません。

たとえ、「而《6》今《10》」という過現未の去来の一点だけの解読では、波動変化が読めませんから、どこまでいっても、観念論の中から抜け出ることはできません。

道元の而今《にこん》の概念は、カズタマによる「今中《いまなか》」に該当する考えのようです。C波動というのは、今年なれば、今年、何月生まれかといえば、C波動の今中での時間場を示します。

時間と言語は一体で作用するので、この面作用から、道《13》元《4》の法名の画数を読みますと、単数は⑧です。大《3》仏《7》寺《6》（旧漢字）では16画の⑦。改名した永《5》平《5》寺《6》は16画の⑦数は断絶して、法名⑧

と直接つながっていないようです。だが、つながっているのです。

そのなぜか？　は、原点時場のA.D.一二〇〇年一月生まれなので、前年の一一九九年から二年周期で読んでいきますと、最初に建てられた大仏寺は、一二四五年に建立されたとの説だけでは、なぜ？　同数になる寺名に改名を同じ年にしなければならなかったのか、の謎が解けないので、周期波動上に、二年周期の順逆で追ってみますと、二十三回目の周期が、順⑥申・逆⑦午の周期に変質していることが、読めてまいります。

この⑥・⑦の時波は、原点の②未年の縦系列に形成されている、⑥・⑦の時場でつながっているのです。だがまだピンとこないので、年号の寛元二年から再確認しますと、西暦では一二四四年甲辰となりますから、１＋２＋４＋４＝⑪の養子数となる②数年で、道元の誕生年の②数と吸引します。この時場を原点座標としてとらえますと、一本の芋づるによって連結されている時波が読めてまいりますので、年号は再々改暦されていても、十二支場に悪影響はなく、玉連《たまつら》ねされていることが確認できました。

道元が、この周期に入ると同時に、出家主義に傾斜したのも、この周期内です。

その意味では、周期という考えが、四季の移り変わりを勘案して分かってきたようだと、思えるのです。だが悲しいかな、只管打坐《しかんたざ》の31画数の、10・10・10・①の31霊結びが、動態的に、把握するまでに至っていないように思えてなりません。

たとえ、永平寺の⑤・⑤《55》並列は、手の指の機能を写していますので、足指の⑤・⑤は静止した機能なので、動態的な指思考が欠如されたように考えられますので、たとえ「薪《たきぎ》」の問答を出してきたとしても、まず最初にみなければならない点は、「薪は薪の法位に住して」の発言で、ここから禅の深層に切り込み、薪を縦割りにしなければなりません。

道元の文言には複線がありますから、用心してかからなければ、迷路に迷い込んでしまいます。

迷路に迷い込まないために、次に説明する、見方を念頭に入れてください。

ここに一個の玉ネギがあります。

玉ネギの芯を通して、上から下へ貫通するよう、一本の糸を通して木の枝にぶらさげてください。

この宙に浮かんだ玉を、米の字状の方向性を視野に入れて考えてください。

光源が真上の午《うま》の場にある場合は、下から見れば、白玉が黒玉になり、玉ネギは、白い玉ネギでなく、黒い玉ネギなのです。

左側に光源が動きますと、卯《う》の場の玉ネギは左半分が白く、右半分が黒です。その逆の酉《とり》の方向に光源が動きますと、右半分が白で、左半分が黒となります。

道元が提示した、「前後際断」の四字は、著者が提示した問いでは、○●◑◐の四つの視座にとらえられています。

一本の糸（意図《いと》）を抜き、一枚一枚皮を剥いでゆきますと、有が無になるのです。

木の枝は、十二支は十二枝でもあり、木は気《き》でもあります。音霊《おとたま》数では⑩数が象数です。漢字表現の「木[4]」は4画で、「樹[16]」は16画で、4×4＝16の数理があり、④に収斂されます。系として方向性としてとらえますと、十字形となる、見えない潜象の働きがあることがみられます。

道元は「薪[15]は薪[15]の法位に」に続けて、「前後際断せり」「灰[6]は灰[6]の法[8]位[7]なり」ととらえて発言しています。

文字が無ければ、道元の発言はできません。書き残すことはできません。現に八百年後の著者によって、その論理の迷路を言と数により、薪を断ち切られようとしております。

道元が鎌倉期に生誕したのは、表面的には西暦一二〇〇年乙巳年で、八百年後の二〇〇一年巳年は十二支では同じ法位で、①を媒介として、ヘソの緒によりつながっております。

鎌倉期の晩期は、南北朝に分断され、足掛け三年目で滅亡しています。だから年号は、二股の弘元と元徳となり、時代もねじれ現象を呈しておりますが、西暦は一貫して年代を積み上げています。

①を媒介としてという理は、連珠では親玉であり、前後に⑩・⑩と珠連ねするのです。そこに10＋①＋10＝21の名《6》は顕密二相に玉結びされるのです。

⑥の名が潜在から浮上するからこそ、灰《6》の文字を無意識のうちに選んだといえます。

『現成公按』を書いた年は、A.D.一二三三年⑨巳年で、時間数⑨は原点座標時の②未で、密教用具の三鈷杵《さんこしょ》の三又の爪に該当する、時流の方向性のままに、潜在より放出されて、十二支では六番目の巳・午・未とが連動する軌道の系線の中に納まっております。

未の系で対向するのが、道元の誕生年月の未と丑と連結されて、ねじれ作用によって、現象界へ浮上しております。

道元がいう「行持現成するを今《4》という」との文言は、密教用具の十字金剛杵に該当する象意を、理解していたと思います。そこに今の文字が想念の中で、とらえられたのかもしれません。「仏道をならふといふは、自己をならふ也。自己をならふといふは、自己をわするゝなり。自己をわするゝといふは、万法に証さるゝなり」（『現成公按』）と語っております。

分かりやすくいえば、自己とは生年月日の時であるが、行道においては、その時間座標は想念から忘れ去られているのです。

だが問題としなければならないのは、何時の自己なのか、の、変化場における自己の存在と時間変化における、見自の眼が感じられない、観念の中で論じられているようです。

我に逢うとは何なのか

著者は、さきに道元の言説を取りあげ、「薪《たきぎ》と灰《はい》」の法位について書きましたが、その時の想念の中に、道元の幼少時の数え年八歳の時に母と死別した時の悲しみと、命の儚さの無情感が一瞬よぎったのではないかと思えるのです。そうでなければ、とってつけたような用語の、薪・灰・法位の文字選別の深意識が読めないからです。

その深意識の中に、三百十年前の奈良時代の『霊異記』を集めた中に、自分が死んで、薪が灰となって、身体が灰となり、僅かの骨（霊根）を残して、有が無となり、空虚な心が、霊音《ほね》となって、そこに編者の景戒自身が立って眺めている語りの中に、自己自身に二重にかさねて想い出しながら、書いたのではないだろうかと思えるのです。でなければ、法位という二字が結ばれてこないからです。

編者自身が夢を見た時について、延暦七年春三月十七日夜、夢を見た。と書いていますから、冷静に夢を見つめて、時を記録したのだろうと思います。

この死を見つめている編者の景戒の生体の位相と、無となりながらも、位相を記録している、もう一人の自己が在ることです。

『霊異記』の編者の名の中に、戒名の一字が取り込まれていることだけでなく、景の文字は太陽の位相を象徴する文字で、12画の文字を選んでいることです。

もう一つ見落としがちなことは、景は太陽だけでなく、「月影」の用語があるように、太陽を生空位とし、月を無空位の中に、闇の世界も三日間あることも、同時に共有した選字法を、「景[12]戒[7]」の名にみるのです。見るというより、見えてくるといえます。その二つの心行為の中に在るのが、文字画数の、12＋7＝19の数意の中に、十二因縁と六道輪廻とが、潜在にあったように思えるのです。

その潜象理を拠り所として、集録されているようです。また、この異次元を、３１０年後の道元が眺めているという時の異相を、法位として認識したのかもしれません。

道元の生より、８００年後の21世紀に生きている現代人からみますと、西洋的なとらえ方による非連続の連続的な発想では、非連続以前が見えないのです。その方向性の把握認識が見えないのです。二次元的発想であるともいえる、ヒモ思考です。

著者の夢体験は、我れが我れに逢う夢空間の状景を記録してあります。

平成3年「夢日記」の記録の例はこうです。

8月18日、夜11時15分前に、

「大きな洞窟の中に招かれ、どこから入ったのか分からないが、かすかなオレンジ色がかったアイボリー色の寂光の中に、影一つ無い高台の上に、一人の真人が座禅して、瞑想にふけっていたのが見えた。

私は黙したまま心の中で、心礼の意をおつげした。

光体であって影がない。影がなくても、光体のままの姿形が確認できた。

しばらくして、外に人がくる気配がしたので、心の中で無言の礼を述べて、外に出た。出口はどこか分からないまま、外に出ていた。

山路の高い所に立っていた。

外は明るく、広々とした野原が前方に見えた。

歩きながらフト右下を見ると、土盛りをしたおわん型のドームに、一個所空気穴が開けられていた。

アア！　ここにも修行者が、土行しているなと思いながら、歩いた。明るい陽光だが、風一つない静寂なたたずまいだった」

平成四年十二月二十二日午前二時四十分の夢

「右手のヒラの真中に、第三の目の型をした映像は、鏡のように記号による如来像が写し出された。私の夢では珍しい夢である」

現実世界に視線を戻しますと、道元の有名な『正法眼蔵《しょうぼうがんぞう》』（有時《うじ》）の中に、次のような文言が記録されてあります。

「我逢人《がふにん》なり、人逢人《にんふにん》なり、我逢我《がふが》なり、出逢出《しゅつふしゅつ》なり」

逢うということは、今という時において逢うことで、その基底には方向性と、場がなければ、逢うことは文字面ではできても、日常の中では、実現はむずかしいといえます。

だが時間場が形成されますと、存在と認識とが一体化して、そこに法を見ることができます。

時間がなければ、この法を見る手がかりとしてあるのが、「我」の7画の文字であり、亀甲の○であり、空間場と時間場を象徴するのが我の7画がよく象徴しているといえます。これとても我の命があってこそで、我が法を見ることは、亀甲形の象理を通して、我が肉体と、我が心とが、時と名によって初めて人と人が逢うのです。ここに運ばれる命の道があります。

この命の道によって、はじめて、我が我に逢うことが可能になってきます。

だが、道元の「我逢我」の観法では、「人逢物」の観法が抜けているだけでなく、「名逢名」の観法も抜けていますから、「我逢我」は成り立たないのです。

この成り立たない未知の領域の、実存の中に参学するためには、本書で展開する、「時間波動理論」と「名前波動理論」の動態解釈になる、生命の把握が必要となります。

でなければ、植物人間の存在は、道元説では解読不可能です。

極端な反問をしますと、家の中に住んでいても事故死したり、上から物が落下して、イタイという心が無いまま、一瞬のうちに、命が無くなる二十一世紀の時代に生きる我の実体を掴むことは不可能です。

道元の「我逢我」「人逢人」の説では、何の関わりのない、通行していて、殺害されるという悪事も、たんなる因縁論では、解決できないのです。さて、禅者はこの難問を、どのように受けとるでしょうか――。

また、親が子を殺し、子が親を殺すという、常識では考えられない、生命の破局場を、万法に証せられると言えるのでしょうか――。

我の座標から仏法を観る

天福元年（一二三三）癸巳年に、道元は「現成公按」の中で、

「一方を証する時は、一方は暗し」

と書き止めている時の想念には、さきに書きました「玉ネギと光源移動」の理の一面が右の文言にあるといえます。でなければ、一方は暗し、の文とはならないと思います。

たとえ、即今《いま》・此処《ここ》・自己《じこ》の三点解釈以前に、自己以降の未来へ続く命の道の中の何時の今なのかの自問答が見えないのです。どうしても固定化した静態論から抜け出ていないように見受けられるのです。それも、これも著者の仏法に無学のなせるわざでしょうか。禅は一度も座ったことが無い著者が、カズタマ開眼した時には、太陽が海の彼方へ顔を出す時から、原色で見た夢の中では、我が我の座った姿形を見せられているのです。

また三日月が出た中に、無数の亀甲が、織物のように、透明化して幾重にも重なり合った夢も見せられており、この夢は、道元説の「我逢我」に該当する考えが共存しております。

道元が、「現成公按」を書いた年は、⑨巳年で、生年の原点時場は、②未年ですから、年数は

逆数となって、②—⑨の系が形成された時系を示しています。

道《13》元《4》の名は13＋4＝17・1＋7＝⑧。

名数⑧は建保元年（一二一三）⑦酉年に、佛法房道元を使用した年からです。

この年は、生命の原点時の②数とは、②—⑦火局となり、二年周期の順逆波動周期では、八回目の周期で、幼少期の重い因縁から解放され、新生の道元を、現象世界に、再生の声を放った年でもあります。

この年から名数の八年周期を展開しますと、三回目の周期で、改名時の破局場を過ぎた年に、打ち出しております。

生年時の破壊性は、渡宋後の三年目には、帰国すると同時に変革されて、精神系の縦軸に変質しております。

命と名の周期波動が一体化したのが、名数波動の凶性が終わる年、貞永元年壬辰年（一二三二）⑧数が、生年周期波動③寅により、③—⑧木局吉性化しております。この時場により、破壊即建設の吉性化の生体場の環境が結ばれております。

この生命環境が成り立った時点において、道元が語る「仏道を習うというは、自己を習うなり」が実証に至る初出場を形成するのです。

この時場と字場が形成しなかった場合は、仏道の己事究明は思いはあっても、究明には至りません。

道元には、禅の先師として、宋国の如浄がありますから、創造者ではないということです。

著者は昭和五十年代に弟子たちに、繰り返し、繰り返し、口をすっぱくして語っている言葉があります。

「自分の前には先生がいたではないか、その先生の前には、また先生がいる。その前にも、先生がいたから、遡上して問いますと、我が自然の中に在る我の命を発見するだろう」と語っております。

また次のようにも語っております。

「文献の中に何が在った。文献の前には文献があるではないか。その前にはどうか。繰り返し反問して遡上しますと、文献がなくなって、あるのは、自分と自然との、対話しか無いではないか」と語っておりました。

またこうも語っております。

「水源はここだろうと、川を遡上すると、だろうと思われる、在るか無いかの、チョロチョロ湧き出る水脈を発見するかもしれないが、画一的な一点に絞ることはできません。

らしい水溜まりが出来た場から、一筋の水路が生じた場所が水源地といえるでしょうが、その周辺では、また幾つかの、場を替えて、水溜まりを発見するかもしれません。

在るのか無いのか、認識が混沌とした領域を、数字に当てはめますと、0《ゼロ》次元と言えるでしょうが――」

法句経でいう、亀は六を蔵すという観点に立ちますと、幾何図形では、正四角形六面体と、その中に内蔵される正三角形八面体の、対交軸を結びますと、④と③の✳・✳の系を見ることができます。その交点こそ、0の時空一体の交点で、紀元前の古代ギリシャのピタゴラスが、君たちが七と思っているのは③と④に分けられると、語っていたと伝えられています。また④と思っているのは⑩であると伝えられている言葉の裏に秘められたものは、0《ゼロ》の追求ではなかったかと、思えるのです。

0の追求を道元禅はどのようにとらえているかといえば、日蓮の文献による行動主義に反して、道元は文献否定主義に立っています。

著者とは違った角度から見ていますが、道元とは自然を見つめる点に、相似な思考の片面《かためん》がみられます。なぜ片面かといいますと、著者は無学者で、無禅者だからです。だが、ここで考えなければならないのは、戦後、裸一貫で、下駄ばきで上京した折、浅草の下町の古本屋の店頭で、ホコリがついた薄ぎたない染織図案集が、バラバラのまま、縄で結ばれ、店頭のバッタ本に混じって置いてあるのを、一目見て、全身にピリピリする電流が全身をとらえた時で、この頃には、霊能はなく、一介の貧乏画家の端くれの一人だったのです。

体験からみますと、信仰心なし、金なし、地位なし、師なしの、四無《よむ》の我が、どうして、最高の霊能を与えられたのか、謎の謎で、私にも謎です。しかもです、もう一つの欠陥は、ドモル癖があることです。

これらの悪条件の環境の中より、三対一の比例は何なのか？　の疑問の謎解きから、万学に通じる、数・言・序・場の四つの核点と、時の追求から始まった、苦い体観から、自然に湧出された自然律なのです。

これらの体観を通しますと、道元の「現成公按」の欠陥が、求めずして湧出されて見えてくるのです。だが、欠陥があることは、良い面もあるということです。

欠点だらけなれば、千年のその後の時代変遷の中で、消えて無くなるのですが、千年の時間の壁を打ち破って、現に二十一世紀にも生き続けているには、良い面の量が多いといえます。

この良い面を、道元の「有時《うじ》」の中から、再生してみたいと思います。

道元が言う「有《う》時《じ》」と亀蔵易

道元の「有《6》時《10》」の巻は、仁治元年庚子開冬日十月一日、興聖宝林寺において書くと誌しているので、有時とは何かを、言・数・場を正三角形の一面になぞらえて、難問中の難問の壁の一穴の中より、参入したいと思います。

その一穴は、仁治二年二月に、鎌倉大地震が発生していますので、その三ヵ月前ですから、鋭敏な道元の足裏に感応しているのではないかと思うからです。

「有時」の二字表現になる視点を、どこにおけば、その内奥に参入できるかを考えますと、有時と時有、有有、時時として、まず謎解きを始めます。

漢字には画数がありますから、数に分解しますと、⑥と⑩となり、⑩と⑥の対応が見えてきます。6×6＝㊱、10×10＝(100)、6＋6＝⑫、10＋10＝⑳の数の理が内奥に秘蔵されてあるのが読めてきます。

また、漢字には音がありますから、音数からも、訓《よ》み取る必要があります。

本書の「音数一覧表」で訓みますと、イウは、5＋3＋60＝68数が、イウが内包する言数でもあることが分かります。さらに「並列数一覧表」から68数を読みますと、135の理を内包していると共に、17×4＝68の乗法理があることも分かってきます。さらに、17数は、9と9の並列理を内包していることも見えてきます。さらに、9×9＝81の数理がありますから、仏教の九法界の数理構造が内蔵されている機能を知ることができます。

これから第二段階の読みに入ります。

「有時」は、『正法眼蔵』の中の第二十の中に表現された主題としての二字です。

「有」の訓み方でも、「ウ《3》ジ《60》」と読むのは、現代では、通例となっておりますから、3＋60＝63の変化数を求めますと、その並列数は32と32が内包されているのが分かります。32は8×4＝32の理があり、さらのその内奥に入りますと、16×2＝32の乗法理が作用することも読めてきます。さらに、16は4と4の十字観法が読めてまいります。

これらの数理観は、拡大と縮小の二法を取り入れた見方です。ここに「有時」の二字表現があります。画数は6と10で、統一の画数は16画です。16は8と8に分解できます。となりますと、一つの8は正三角形八面体を、もう一つの8は正四角形六面体の八頂角に該当する理があることも分かります。

この二字表現を、数と構造で読んでゆきますと、今まで文献上では読めなかった、秘密蔵の在り方が、読めてくると思います。

この秘密蔵の理法が読めなければ、主観的に時間と存在の哲理だといって、みんなで手を叩いて、スバラシイといっても、現証できないのではないでしょうか。それは語っている道元そのものが、この秘密蔵が無の中から見えてきたというのではありません。

なぜかと言うまでもなく、道元が「有時」の巻を筆録したのは、A.D.一二四〇年庚子年十月です。この時の座標と、「興《16》聖《13》寶《20》林《8》寺《6》」の16＋13＋20＋8＋6＝63の字場で筆録しているのです。

この字場を示す63は、さきに表出しました63数と一致しているからです。

時数は、めまぐるしく改元された年号は、時数として採用することはできません。だが、一貫性のある十二支は採用します。十干は10数の中に収斂しますので、本書では採用しません。どこまでも、数で統一して読んでゆきます。

時場としますと、道元が興聖寺を創建した、A.D.一二三六年③中年が座標となり、「有時」が表現される舞台がととのっております。

主役は道《13》元《4》で、法名は13＋4＝17。17は1＋7＝⑧に収斂されます。さきに書いた「有《6》時《10》」の8×2＝16と一致しております。

これらの密蔵された法数を無視した、存在と時間の根本義を問う、哲学理念は成り立ちません。この哲学論の中には、道元はいないのです。あるのは論者の主観だけで、現証にはつながりません。論だけが浮遊しているのです。言うまでもなく、鎌倉期には、西洋哲学概念は無いからです。

『正法眼蔵』第二十の冒頭にある「有時」の最初の三字で表現されてある「古佛言《たまは》」の言を、げんでなく、ことでなく、たまと表音してある心意識の底流には、万葉集の言霊《ことたま》、事霊《ことたま》の字観があるように思えます。しかも7画の文字である「言《7》」を選字して、佛《7》の7画と対応の中で三字表現で打ち出しております。

最初の一字「古《5》」の5画の文字を使用し、5＋7＋7＝19画の中で表現していることは、心象の裏に、日月交合における十九年の想念があることを、感じるのです。当然、そこにあるのが、十進法による、順逆対応になる数詞《かずことば》を読み取っているようです。だからこそ、「時《10》」の順逆で、2×10＝20の数意を第二十の中に納めたのではないかと、思えるのです。だからこそ、「有時」の二字表現で、6画の⑥を頭字に、締め括りの、二句と三句の終字に10画の時を、上下逆転した配字法を展開しているだけでなく、漢語の説明文の中で、時を十二支の屈折する支をとらえて表現しております。しかも上下において、縦系列の中でとらえています。

どのようにとらえているかと言いますと、「いま世界に排列《ハイレツ》せるむま・ひつじをあらしむるも」「昇降上下《ショウコウ》なり」「ねずみも時なり、とらも時なり、生《しょう》も時なり、佛も時なり」「この時三頭八臂にて證し、丈六金身にて盡界を證す」と言わしめている心意は、どこにあるかといいますと、（――線は著者記す）十二支で表記しますと、午《うま》・未《ひつじ》・子《ね》・寅《とら》の十二支場を時としてとらえているだけでなく、道元の生年の十二支場である、「未」をも取りこんでいるとともに、二十九番目の「山水経」の二十九巻の20＋9の数理へと連結するよう前取りしている、想念が見えます。

29の順逆は、29そのものが逆数となっているだけでなく、その変化になる並列数が、15と15で、その中に順逆理が内包されているのです。

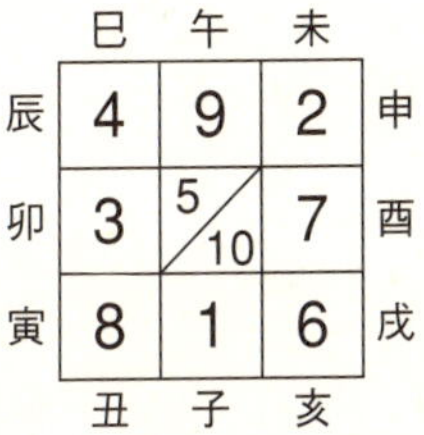

十法界と十法場

道元の『正法眼蔵』二十巻、の20は、対向する数、1＋9＝10、3＋7＝10、2＋8＝10、4＋6＝10、となり、十法界の⑩を加えると、20となり、二十巻と一致します。

未と午の場にある②と⑨は相互に逆数となり、子と寅は法界は同じでも、十二支場は、丑の場を飛ばしています。だが法数は、⑧・③木局化して吸引しています。この数理を借用して、三頭八臂の③・⑧に対応させております。また、「丈六八尺」の表現により、偶数列上で結び合わせておるだけでなく、「張三李四」として、左側に縦結びして、④・③・⑧と結び合わせているのが読めてまいります。

さきに図示しました、正卍と逆卍の数理を対照して読みますと、「十二時の長遠矩促いまだ度量せずといゑども、これを十二時といふ」と一日十二時の中で読んでいる心意が理解されてくるだろうと思います。

この時数と十二支場との連係理が読めない近代では、いきおい、西洋観になる、時間と存在論に結びつけているように思えてなりません。

存在うんぬんを考える上では、その基本となる、発出場としての十三世紀前半の、鎌倉期の生命場を度外視すれば、認識論は成り立たないだけでなく、現象論にもなりません。

なぜかと言いますと、「有時」が書かれた年は、仁治元年庚子（一二四〇）⑦子年で、道元の誕生年②未年と、②―⑦火局軌道内で、書かれた場所は、興《16》聖《13》寶《20》林《8》寺《6》の寺名数16＋13＋20＋8＋6＝63・6＋3＝⑨数が字場となっております。

生命場はどうなっているかといいますと、北條幕府は、A.D.一二〇三年建仁三年癸亥の⑥亥年となっております。道元の誕生年は、②未年なので、源氏鎌倉幕府の、時代場の作用が、幼少期に内在してあるのが確認できます。

源氏幕府はA.D.一一九三年建久三年壬子年なので、④子年に該当しており、源氏と北條氏の幕府は、④—⑥となって、時流の曲折時を示しております。

したがって、道元が「有時」を語った『正法眼蔵』二十巻の単数は、偶数系列上で、④・⑥・②・②となって、切断されているようで、時場は同じ軌道内で「有時」の締め括りに、「参来参去、参到参不到する、有時の時なり」と語った潜象理は、時代変遷の時流に、三度も出入していることを記録しております。

著者は、この文を目にした時に、参の文字があることに気づき、心が命府の中に参入したことを語っているなと、読み取ったのです。

この参入去の在り様は、本書の中で、幾度も書いている、⚹型の系により、一軸⑤が、六回転してなる、一柱が⑤①⑤のタマ結びが、漠然ではあるが、心の中で浮上してきたのではないかと、思えるのです。でなければ、「参」「来」「去」の用語が出てこないからです。「参到」「参不到」するのが、「有時の時なり」と結んだのではないか。それを証すように、文字の右側のルビに、「片仮名と平仮名」を使い分けて表字した理由が読めなくなるからです。だが玉結びの原理に照らせば、理解可能なのです。その理由は「山水経」と照合しますと、徐々に分かってくるだろうと思います。その裏に出入りしているのが、幻の易と古来語られている「亀蔵易《きぞうえき》」の存在です。

有時の構造を探る

『有時』の巻と『山水経』は同じ年に書かれているので、漢字表現を湧出した場としての台座をはっきりと把握しなければならないと思います。

この場合、画数の読み取りで誤解しやすいのが「経[11]」で、旧漢字では「經[13]」ですから、数理上では2画の差がありますから、この差をどう読み取ればよいかの疑問が生じるだろうと思いますが、道元の自筆（全久院所蔵）では、11画の「経」を使用しています。和数で読みますと、十と一の対応理が内包されています。

書かれた年は、『山[3]水[4]経[11]』の方が、『有時』の巻より、僅か半月ほど早く書かれていますから、前取りして書いているようです。

書かれた年は、仁治元年庚子・A.D.一二四〇年⑦子年であることは、まちがいありません。その当時の暦は旧暦を使用していたであろうことが、この年の三月清明日、『礼拝得髄』巻を書いていますので、太陽暦では四月辰月となりますので、『有時』巻は十月開冬日となっていますから、十一月亥月節ではないかと考えられます。となりますと、⑦子年③亥月に『有時』が時間場を専有したことになります。

だが、原点座標となる誕生年から、周期波動で命波を読んでゆきますと、二十三回目の周期の順⑦丑逆⑥巳の金局期が回流した季《とき》で、かつ時間数は原点年の午―子の縦柱に回座した⑦子・⑥午と、潜在で連結されております。

道元の用字法に、重箱読みが見られるのも、その素因は、難問を解くための戦法として、意識的に、「ひらがな」「カタカナ」「漢字」の三つ重ねの使い分けをやっていますので、部分にとらわれますと、迷路に迷い込みますので、注意してその真意を読み取らねばなりません。

道元の法名には、「希玄」「道玄」を使用した時期もありますが、「玄」は易経でいう太極観が底流に内包されていることを、物語っております。

さきに「帰蔵易」という用語を書きましたが、帰蔵易には「連山易《れんざんえき》」が対となっているのですが、二十世紀に入りますと、完全に忘れ去られています。だが本書では、すでにその一部は七曜における玉結びで取り上げております。『易経《えききょう》』そのものは、七曜《しちよう》の玉結びによって書かれてあるのが、表面に書かれた文にとらわれ、その構造と、機能における、互換変換理は、完全に忘れ去られております。

道元はどうであったかといいますと、寛喜三年（一二三一）二冊目の著作である、『辨《16》道《13》話《13》』42画の数意を内蔵している中に、「神道」の二字を象眼しています。

易経にも「神道」の二字は、道元以前に知っていますので、道元はそれに習っていることが分かります。

だから、後代の学者が「有時」は日本版の実存哲学と評していますが、はたしてそうでしょうか——。疑念が生じます。

「有時」の巻の冒頭の三字表現になる「古佛言《たま》」のルビに付記した「たま」の実体が不明のままでは、理解不能です。

「有時」の二字は八箇所の頭字に位して、冒頭の三字を加えますと、50字＋3字＝53字となり、音霊《おとたま》数では、ホ《27》ト《17》ケ《9》（佛）、ソ《12》ラ《41》（空・虚）、ハ《26》カ《6》イ《5》ス《13》ウ《3》（破壊数）となって、53数を示しております。

事実、八行目の〆《しめ》の二字は、「虚空」で締め括っております。また「いま右界に現成し、左方に現成する」とありますから、「大地虚空」と表現していますので縦軸になる、うま、ねの十二支午・中央・子を視野に入れているのは理解できますが、具体的に右回り、左回りの北斗の軌道が見えないので、現成することはできません。となりますと、実証論ではなく、観念論の静止型といえます。これでは、たとえ『辨道話』で、「文字《モムジ》をかぞふる學者をもてその導師とするにたらず」と語った禅者へ、ブーメランのように帰ってくるのではないでしょうか――。

『淮南子《えなんじ》』天文訓の中に、

北斗之神有㆓雌雄㆒、雄左行、雌右行。にあるように、どのように回転するのでしょうか。右行・左行によって対応する「時と場」において、時間的に、どの時点で変換するのかの、大事な点が不明であるように、道元の「有時」においても、同じような欠陥を孕んでいます。

わざわざ、カタカナで文字の二字に、モ《32》ム《33》ジ《60》――32＋33＋60＝125――並列数が63・63となるからです。これでは、自らの言葉によって、自らを破《は》壊数《かいすう》によって、傷を得ることになるのです。カタカナを使用したことは、片面解釈だといえる一面を、自らの手で示したといえます。

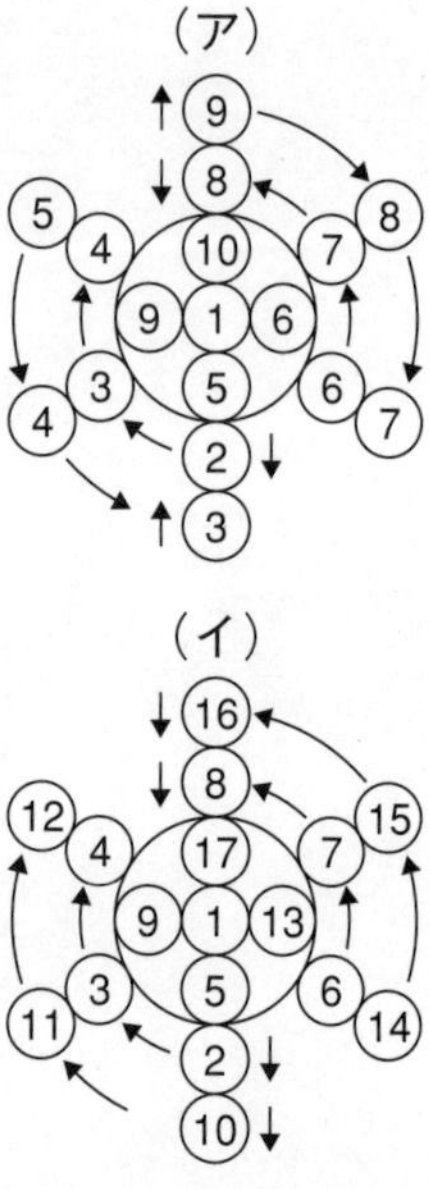

北斗の雌雄交流図

（ア）図は北斗の雌雄交流を示したものですが、中央大円の霊座《たまくら》に煮詰まった気エネルギーは、ある量的な許容限界まで力が結集され、限界の領域を突破した気エネルギーは、①霊数となり、次の②霊数に流出し、②→③→④と流れ、再度大円の霊座に転出し、⑦→⑧→⑨となり、霊座を満配し、発出の大円霊座に回帰します。

霊座を満配した⑨霊数は、⑩霊数となり、今度は逆に流出し、⑩→⑨→⑧→⑦→⑥→⑤→④→③→②→①となり、最初の出発時点に回帰する軌道を図象で示したものです。

（イ）図は、中央の霊座から発出した気エネルギーとしての霊数は、八の字型に巡回し、外力となり拡大される理を示したものです。

中心の霊座に集結した、1＋5＋9＋13＋17＝45となって、45＋36＝81霊数となります。この81霊数が象徴するのが「光《ひかり》」で、30《ひ》＋6《か》＋45《り》＝81霊数なのです。この北斗の玉結びの手法が、この時には読めていないのです。

（ア）図の中心に集結した、1＋5＋6＋9＋10＝31霊数は、間《ま》・魔《ま》・左右《ま》を象徴する霊数となるのです。俗説になる魔方陣は、この象徴理の一部を抽出した方便です。

また大円霊座を囲んでなる二重環の対向する霊数を加えてなる66霊数は、六十六部の大マンダラといわれる原理はこの霊数で、仏教的に解釈しますと、書写した『法華経』を一部ずつ、六十六個所の霊場に納めながら、諸国を巡る行脚僧が、後代に至って発生した事理は、この霊結びを忘れた、残像なのです。

（イ）図の大円を囲む二重環の対向の総数は、百八霊数で、如来《にょらい》像を浮かびあがらせています。その反面、煩悩をも誘因しております。

道元は玉結びが分かりかけていた

さきに「帰蔵易」という、耳なれない用語が出ましたが、これは周易以前にあったと伝えられていたようですが、言霊的発想から再考しますと、「気道であり、気像でもあり」「亀蔵・亀像」でもあるのです。

気にしろ、亀にしろ、形としますと、亀甲であり、⬡・⬡・❖、✳・✳の気道でもあるのです。

周易の易経観にとらわれなければ、❀の玉結びによって造型化されたのが、易なのです。

帰蔵というのは、玉座《たまくら》へ回帰する象《かた》を文字表現したのですが、その基本は、四季を写し取った＋・×の気流の系なのです。

北斗の雌雄交流図は、亀蔵そのものなのです。

「連山」は、本書の中で、時間における変化場を順逆で写し出したのは、連山そのものです。

この帰蔵・連山が、正しく伝承されているのが『古事記』『日本書紀』の神話の構成に見る、☘・❀の七曜と神名配置の中に、写し替えられているのです。（拙著『古事記の謎』参照）

後代の道元『正法眼蔵』の「有時」「山水経」が対となっているのも、『古事記』『日本書紀』が対となっているのも、共通な視点があるのも、「帰蔵」「連山」の対の思想が原郷となっているようですが、その原郷こそ、老子・仏陀・孔子の古代の三巨人を越えた、我が国の超古代である、縄文人がチカモリ遺跡に残した、◯・◯・⠿・⠛の巨木の本数で記号化したのが、原点に位置していると考えられるのです。（拙著『甦る縄文の思想』参照）

この原点に内蔵されている、思想の物質化表現からみますと、神以前のタマ思想であり、道元は曽孫でしかありません。

タマ思想の表現記号そのものが、大地（地球）から見た、虚空の夜空に点滅する北極星、北斗七星。海・河川・山々。日・月による観察眼の結集を見るのです。それを記号表現したのが、超古代の縄文期のチカモリ人の巨木による円環思想と、十二幹、十二枝、が、十二干となり、十干・十二支に集約化されている。

これらの遠祖たちの慧智を抜きにして、後代の道元だけに視点を置くから、七曜になる✳系のタマ（霊・魂・玉・球・珠・多間）の十気《とき》の展開と暦法を抜いているので、なぜ道元が、三学でなく、参学と表現したかの、参のもつ意義が読めないまま、拡大鏡で『正法眼蔵』を部分を拡大解釈するところに、難解となって、特に「有時」「山水経」は、難解中の難解とした行き詰まった論説が出てくるのも、その迷路分岐点の、時間・空間の相互変換理を写し出している、玉結びによる、一軸⑤・母玉の大玉①個・対向する軸の⑤。その合計玉数の⑪玉結び、十進法の①→⑩の並列対向によって集合数⑪の✳系になる5×6＝30。30＋①＝31個の玉数の構造と、その機能を発動する十季《とき》の電流の系路が読めないから、その結果として、混沌となり、混元の理が未解から生じているところに、天《アマ》の①＋31＝32の母玉の理が読めないところに、一大欠陥があるように見受けられるのです。

道元はその迷路に立って迷う心を先取りして、「山水経」の締め括りの終わり方で、「山」字を、

山も寶にかく山あり、から、「かくのごとくの山水、おのづから賢をなし、聖をなすなり」までの文中で、「連山易」にならって、山（八間《やま》）✳系で、玉連《たまつら》ねして、十三個所に、山を連ねており、かつ、後代の人を迷わす言辞で「蔵に蔵山する参学あり」と語り、「参」の旧漢字11画を、学・究・窮に三種に使い分けているのは、♧の玉結びの立体の母系に視点を置いたからこそ、自然に、山に雲《くも》（九母）が、歌謡にうたわれた、八雲立つ…の歌詞を想念に浮かべながら、「山に功夫なり」と結んだのではないかと、想えるのです。

鎌倉期から一千年後の著者は、放浪の僧である、聖《ひじり》俳人・山種火《さんとうか》の、

「分け入っても、分け入っても青い山」

の句を口ずさみながら、脳幹の一隅では、「連山」を、謎とされている、九宮の一白《いっぱく》・六白《ろっぱく》・八白《はっぱく》の、俗に三白眼をも、三重写しにしながら、道《たう》を見つめております。この一字に、当時の道経におけるタウ思想の残映が垣間見えてきます。

玉結びという新しい用語は、仏教用語では耳新しい用語で、面喰らうだろうと思いますが、連珠《じゅず》を見本としますと、母玉を中心にして小玉が連なって結ばれている、円環に結び合わされ

た仏具です。その根本理を示しているのが七曜で、妙見信仰を生み出した、北斗星紋が原郷です。北辰の把握は巨石文化の残映。

「タ《16》マ《31》」という呼音は、命「イ《5》ノ《22》チ《20》」を指示する、記号文化の集結された数象の音霊表現したもので、天《あま》の数玉を言葉に写し取ったもので、神話を集めた『古事記』では「沼《ぬ》矛《ほこ》」、『日本書紀』では「天《あめ》之《の》瓊《ぬ》矛《ほこ》」と表現している実体は、天象を写した数《あま》の回転によって集合してなる、交合の一点（天《てん》）が玉となる理を、訓注では「玉なり」と表記した実体は、生命体そのものを象徴した語意をもっております。古琉球では、命のことを、ヌチど宝なりと語り伝えている古道は、タマ思想の伝承を語っているようです。その変生したのがヒヌカン（霊《ひ》・火《ひ》ぬ神《かん》）ஃで表現する拝《うがみ》によってよく実態を伝承しているようです。

著者はタマ思想研究のため、沖縄にも四年間住みついて、実体験しており、五母韻前にあったという三母韻を、数値化することに成功しております。

その時の実体験を通して、三母韻によって著作した、記念碑として『琉球神道の秘法』の中に、霊光写真も数葉のせて残してあります。

三母韻といえば、『正法眼蔵』二十九の「山水経」の巻数そのものが三母韻では、タ《10》マ《19》10＋19＝29となって一致しております。

平安期のA.D.九二八戊子年①子に、『風土記』が成っており、その中にも、三母韻の痕跡が残っていますので、鎌倉期の道元が、知っていたとしても、不思議ではありません。現に暖流の先端が見られる紀州にも、三母韻の痕跡が残っていますから、疑う理由はありません。

道元は中心を読もうとしていた

『正法眼蔵』第三は「佛性」について語っておりますが、何時の年月かの時場が、揺れてはっきりと、この年月に語ったという確証はありません。なぜでしょうか。底本では仁治二年辛丑十月十四日記とあるようですが、消しているからです。この年A.D.一二四一年二月には、鎌倉大地震があったので、混乱していたからであろうと推測されるからで、弟子の懐弉が、仁治四年癸卯正月十九日書写していますが、この年には改暦して、寛元になっておりますが、日付は不確定でも、年数は確定しているので、時場としますと、⑧丑年で、道元の誕生年②未が破壊される年であるだけでなく、破壊数⑧×に該当しておりますので、表題の「佛《7》性《8》」は15画の⑥数となっております。だが、生年波動周期では、二年周期なので、逆波が順波に変換する周期内の順⑧×戊・逆⑤辰の周期となっており、道元自身の命質②未、名数⑧×が、再度破壊性を帯びていますので、誤認が生じやすい、思い込み、記憶違いが生じやすい、時場が形成されていますので、案外、本音も出ているだろうと考えられます。

その本音の一部が、道元の文には、他に見られない、文頭に「又」と文意に「一音」を語っていることです。

道元は「仏性」の中で、

「説法の一音なる、到来の時節なり。法は一音なり、一音の法なるゆへに」

「又、佛性は生のときのみにありて、死のときにはなかるべしとおもふ」

と語っております。この文にある「一音」は、大和《やまと》言葉の一音一義の手法を、「又」は古琉球の歌謡を集めた、「おもろ」の中に、「又」が多用されているからです。

『おもろさうし』（二十二巻）は「ひらがな」で歌謡を記録してあるので、「大和」で「ひらがな」を使用した頃からと考えられます。

古琉球の初代王統は、舜天《しゅんてん》（一一八七～一二三七）ですから、琉球王家が日本の禅僧の道元の手法を模倣したとは考えられません。といいますのは、古琉球の『おもろさうし』には、「又」の記号が無数に使用されてあり、繰り返しの記号として使用されているからです。

琉球の三母韻では、「タ[10]マ[19]」は29霊数で、あまりにも、相似性が強いのです。『正法眼蔵』の他の巻の中にも「又」の記号が多数あるというのなれば、違うかもしれませんが、他に見当たりませんので、道元が引用、取り入れたと思うのが、正当な理だと思います。それだけでなく、古琉球には熊野信仰が、根強く伝承されているからです。

古琉球では「命」をヌ《15》チ《11》と呼び、15＋11＝26が命そのものの実体を示すものとして、伝統の中で、語り伝えられています。しかも、一面的な受け取り方でなく、心命一体と魂魄一体の一にして二、二にして一とみております。その媒介として時を見ております。

玉結びで表現しますと、心○時●◉魂魄のとらえ方が、潜在に根づいていたのではないかと思えるのです。だからこそ、三巴紋が国章として認識され、図象として画かれたのだと思います。

道元はどのように「仏性」の中で表現しているかとみますと、

「六といふは、前三々後三々を六神通ハラ密といふ」

道《たう》から訓めば、1＋2＋3＝⑥を指示しているようです。この⑥こそ六神通《ろくしんづう》に仮託して表現したであろうと思います。中心の玉座《たまくら》をとりまいて、六方の⊗一軸に⑥個が結ばれて、6×6＝36となり、36＋①＝37となり、一霊界の中心座を形成する理を、仏法の六神通にからめて、読んでいるように思われます。

それを二分しますと、一軸に三個・三個の玉連ねが、⚹系に結ばれますと3×6＝18＋①は19玉結びとなり、日月交合理を写し出してきます。さらに19の回転理から、対応を求めますと、その並列数は、10・10となり、十進法の中に回帰してまいります。

また19玉結びから、奇数のみを抽出して、十個加えますと、1＋3＋5＋7＋9＋11＋13＋15＋17＋19＝100となり百法界にも通じてくる数理《あまのことわり》を内包しているのが読めてまいります。さらに偶数のみを十個抽出して加えますと、2＋4＋6＋8＋10＋12＋14＋16＋18＋20＝110となり、時が一点に作動しますので、110＋①＝111となり、十法界を示唆している事の理が浮上してまいります。

この110数こそ、気象・連続・周期を象徴する玉数であり、111数は記紀神話の中に封じ込められている、数霊《かずたま》であり、天沼矛《あまのぬほこ》、真言密教の大日を潜在の海から浮上させてくるのです。この密教が埋もれてきたところに、「仏性」の中で「六神通ハラ密といふ」文言の中で、わざわざカタカナで、「ハ《26》ラ《41》」の67数を念頭に入れて、自己《じこ》を打ち出したと思えるのです。60《じ》＋7《こ》＝67と一致します。

南

卯	4	9	2	酉
	3	5	7	
	8	1	6	

北

（後天数）

午

卯	7	6	4	酉
	9		1	
	3	2	8	

子

（先天数）

後天数と先天数を比較対照しますと、後天の南北では9＋1＝10、先天では6＋2＝8となって、南北の10が無いのです。だが先天では、南北の9・1が、東西の9・1となって、9は左遷して横軸の卯の場に、1は右遷して西の場に回流しており、後天の中央に5があるのに対して、先天は無《む》としての空《くう》を示しております。別言しますと、天穴でもあるのです。

古琉球では穴のことを「ガマ」と受け止め、31＋19＝50として伝承されているのは、中央の玉座の後天⑤と先天〇を加えた、50として遠祖たちが、代々受け継いできたのでしょう。

また海から上がってきた亀は、日子《ひこ》で、太陽の異名として受け止めているだけでなく、民謡の「鳳仙花」では、北極星をニ《14》ヌ《15》ハ《16》ァ《1》ブ《42》シ《8》と訓み、音霊数では96として、6×16＝96の理を、

「夜走らす船や　北極星目当て、

我産ちえる親や　我どう見当」

と謡い伝えているのも、深い事理は分からなくても海人といわれるウミンチュの体当たりの、生死をかけた実生活の中から、自然に口ずさまれてきたもの（魂）として、実体験から感じとっております。（拙著『沖縄のユタの本質』参照）

道元が「又」の記号を使用してある巻の中に表現した頻度数は、一個だけが「有時」と「行持上」「佛性」「現成公按」で、もっと多いのが、「辨道話」の十三個です。

『辨道話』一巻が書かれた年は、寛喜三年（一二三一）で、原点時場を形成した、正治二年一月生まれですから、前年のA.D.一九九九年②未・⑧丑月から、生年波動を展開しますと、偶数年なので、逆行しないで、順行が表に出て、逆行が裏に作用します。

「辨道話」が著作された年は⑦卯で、生年の②未とは、時数は②―⑦火局。時支は未―卯で木局軌道を示しております。この時の法名には、「希《7》元《4》道《13》元《4》」となっており、人数系列に絡んで命名されておりますから、その潜在には、7＋4＋13＋4＝28、14＋14＝28、7＋7＝14、となり「妙《7》」の一字が浮上してきております。

この時点で、三母韻と五母韻が、玉結びで理解されていたのではなかろうかと、考えられるのです。

周期波動では、十七回目の周期で、順④卯・逆⑨亥となり、変質しております。この周期に入りますと、原点支の未と完全な形で、木局軌道が形成された年に著作されています。

時数は原点時場の卯⑨・酉④の横次元が形成されたからこそ、真正面に、生と死に視線の軌道としての「道《たう》」が見えてきたようです。この三点合一の時と場を度外視した論は、空論となると言わなくてはなりません。たとえ、「まさに知るべし、これは仏法の全道なり、並べて言うべきものなし」と言明しても、中心は見えたと思っても、すぐ閉じるので、曰く言い難しの天穴でもあります。現代的に表現しますと、カメラのシャッターの眼に喩えられるでしょうし、例えば、「又」の記号を写したとも思えるのです。

道元は時間をどう考えていたか

『辨道話』を著作した二年後の貞応二年A.D.一二二三年⑧未に『現成公按』を書いていますが、生命場は、二年後にどのように変質しているかといいますと、十八回目の周期となり、順③寅・逆①子となり、命質が大変換期へ入る一歩手前の、⑧未年を迎えております。

この⑧未年は、誕生年の②未と、誕生月⑧丑の年月対応破壊の門戸が開かれようとした、季を示しております。

この大変革の命質場の中から、湧出してきた言葉が「現[11]成[7]公[4]按[9]」（成は旧漢の画数）31画で、冒頭に出てきたのが、

「諸法の佛法なる時節」

ここに表出されてある「時節」は暦法では、節入時に該当する用語を取り入れて造語したのではないだろうか、と思えるのです。

暦法による節入は、年・月・日にあります。なぜ、ここに暦法を持ち出したかといいますと、諸[15]に対して、佛[7]。対応になる法[6]と時[10]。なぜここに再度「現成公按」を持ち出したかといいますと、周期が時流を一方向だけ、不可逆性にだけ流れるという、科学認識を超えて、円環を描きながら回流している時証を、周期波動論をふまえて、心命一体の霊魂が、既存の仏教観の輪廻性では考えられないことを、知らせているからです。この円環現象は、沖縄に滞在している時に、著者自身の体を通して、実証、体認しているからです。しかも外気の陽光の中でも、円環現象が、蛇腹の帯状に回流していることを、カメラで映像化しているからです。

この事実は、道元自身も知らないまま、書いているのです。

どこに関連しているかといいますと、三歳の年に父と死別している時期の順①午・逆③申の

周期波動が、A.D.一二二三年から、一二二八年の二十回目の周期内の六年間の中で、老子が語っている「冲《ちゅう》」をもって和をなすという命質変化が、そのまま、写し出されているからです。

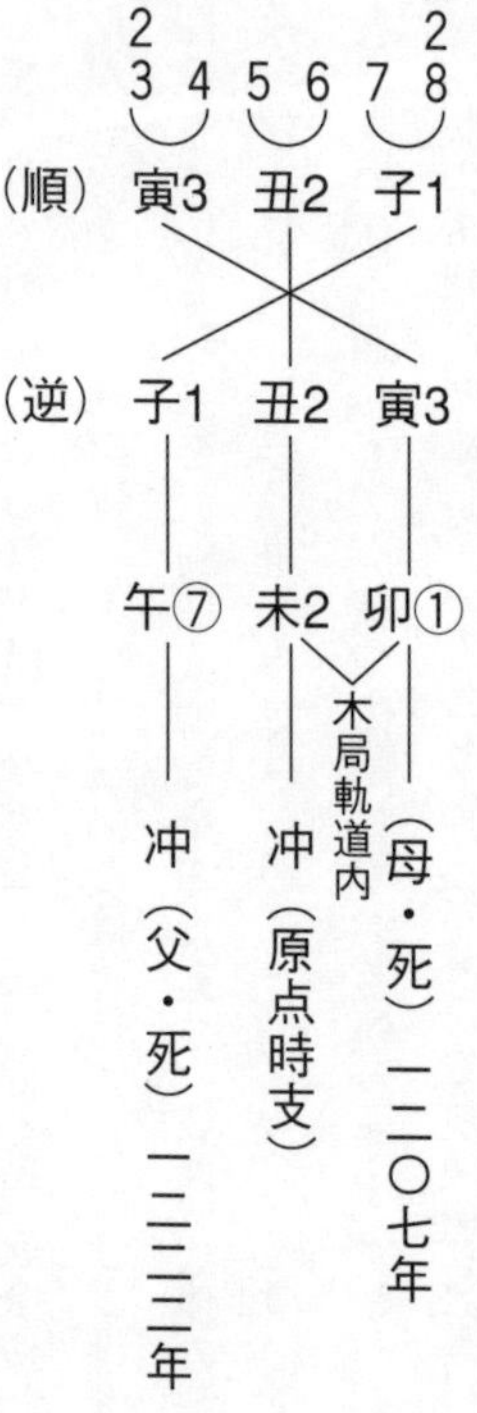

右の順逆の周期波動の記号である✳は、妙が暗示する亀甲の大クロス期を示しているのです。この大クロス期に、『正法眼蔵』を書きはじめると同時に、「現成公按」を前周期で、後周期では、「一顆明珠」を書いているのです。道元自身知るよしもなく、隠れた潜在の命海の中から、亀に乗って浮上したといえるのです。その時、携えた心が、文字の「諸《15》・佛《7》・法《6》・時《10》」で、玉手箱が15・10。中に選び入れたのが佛法の7＋6＝13。その並列数が、⑦と⑦です。⊛・⊛・◎の形象の珠《たま》（魂・魄）なのです。ここに、無意識に選字する、深意識の作用を見るのです。

この理が分かってきたので、『正法眼蔵』第七の巻で、「一顆明珠《いっかめいじゅ》」を書き、その中で、十個の文字を選び、「盡十方世界是一箇明珠」の語群を二つ、その中に、問答を挿入して、僧が四問、師が四答として、4・4並列の表現で文字を選び、計⑩個に纏めた手法は、時代が大きく変わった後代の、潜在無意識の創始者であるユングも顔色無しと、青ざめるのではないだろうか――。

だが、おもしろいことは直観的に周期があることが、言語を通して、その一部が分かったとしても、論理をもって、現象世界に敷衍化する理法を編みだすことができなかったことは、鎌倉期という、時代のなせる時代相の知見を抜け出すことが、できなかったことです。道元が前周期始めに書いた、「現成公按」の中で、「時節」と表現した時間概念が、後周期の「一顆明珠」では「現前の蓋時節」として、再度、「時節」の二字を使用していますが、蓋として、その中味が、煙となって消えているのです。たとえ「直須萬年なり。亘古未了なるに亘今到來なり。身今あり。心今ありといえども明珠なり」と、自身の未年生まれの十二支である未生まれを織込んだとしても、実証性に乏しい、観念論から抜け出ることはできなかったように思います。

命と心をどうとらえようとしたか

本書の始めの方で、「道」について、人道を視野にして書きましたが、道元は、むしろ禅により言葉を無言化しておりますが、その反面有言をも、並列的にとらえようとする表現姿勢が見られるので、むしろ言葉が耳で聴く道として、目で見る道を文字とし、それも、道が天空と山・水・海川・人と人との出会い、山と樹木などの自然の移ろいの中に、道を見ようとした姿勢がある反面、『夢中説夢』を書いています。

現象世界とは別次元の「夢」を、諸仏なりともとらえようとしております。

夢現の中までも、「説」の文字の中に表現しようとしております。

著者の体認では、自然の山野の道を歩いているように、色夢を見せられており、文字、記号も時空を超えて見せられている体感の実体験が、現在も続いていますので、道元の夢解きでは、「たとひ迷中又迷というとも、まどひのうへのまどひと道取せられゆく、通宵の踏、まさに功夫参究すべし」と夢の中に入り、夢言語の何たるかが、掴めないでいたと想えるのです。

道元自身が掴めない「中・説」を知るためには、言語の代表に位する、道の標識となる画数と字解に頼らなければなりません。

中は4画。説は14画。分解しますと、言《7》と兌《7》となり、兌《だ》は両方を指示する陰陽論の用語でもあります。また数意から読みますと、西方は⑦数と⑦数の並列であり、図形では、亀甲の横軸の構造が浮上してきますので、立ったままで夢は見ませんが、横に眠った時に夢の映像が生じることを示しています。

生命柱が九〇度回転したところに、夢国が現成するといえます。古語では夢は五夢とも語られていますので、先天の天穴〇と、後天の⑤こそ、中に該当するのではないかと思われます。⑤が中央に回座しますと、西方の兌《だ》には⑦が回座するからです。

「だ」音は、61数が象数ですから、道元が言う「三十棒、これ見成の夢中説話なり」の30柱が✕横軸に⑤個結ばれ、5×6＝㉚となり、三十棒と一致するのです。

又、一軸に十個ほど結ばれますと、60となり、中心の玉座の空位に①が浮上しますと、61数となり、言・音・数が一致するのです。そこに諸仏を見ようとしている道元を見るのです。

夢を見ているということは、命が在るということです。見るということは心が見るのですから、命心《84》一体で十《と》・九《く》必要があるようです。8＋4＝12。十二支場に一体理が自現。

言語の代表である文字がなければ、解くことはできません。私は夢の中で、人名、物名が、思ってもいない、会ったこともない人の名を夢の中に見ることがあります。その謎解きに私は時と場をふまえて、数で十九《とく》のです。

十九ことによって、夢の正否を読みとるだけでなく、自分自身の、今なる時と場における、命の位相と、心の位相を読むことを、四十数年間も続けております。

運気が悪い時には、逆夢となり、運気が上向く時には、正夢となって、我が心に知らせてくるのです。そこに運ばれる命を読み取ることが可能となります。

最近、二十年前からの弟子である加藤ご夫妻から、次のような手紙が送られてきました。お二人とも東京在住の美容師です。職業とすれば、⑨数が象徴している天職です。


「――六月二日新店舗を蔵前の地下鉄出口上に『優夏樹』を出店することができました。西の方が良いとのことだったので、今年に入ってから、いろいろ物件を捜し求めましたが、思うようには見つからず、悩んでいました。

光義（夫）さんが五月節に入ってから、秋葉原へ電気製品を買いにいく途中で、物件を見つけたのです。――又、私が二年ぐらい前に富士山山頂まで登った後に、見た夢を先生きいて下さい。光義さんもそばにいます。

私が広い野原を見ていると、ゆっくり、とてつもなく大きく、赤い目をした竜が、私の横を通りすぎました。

ふと夢の中で、〝たべられちゃう〟と叫んだのですが、横切った竜は、天空にむかって高く飛んでいったのです。その空を見あげますと、七つの❀玉がありました。もしかすると、あれは数霊なのかと、自分なりに夢の中で納得しています。

それを夢からさめてから光義さんに話したら、何だろうねで、話は終わっていたのです。が、今回蔵前の地下鉄の出入口の上に、営業できるということは、やはりその時の夢が、あまりにも私には、強烈で驚いています」

鎌倉仏教を取り上げ、日蓮・道元の著作と言動を比較している中で、道元が「夢中説夢」の中で、「無根樹・不陰陽地・喚不響谷・すなわち見成の夢中説夢なり」と、非現実性を説きながら、叡智の世界は、非現実にみえて、むしろ時空を超越する叡智の内なる声を読みとろうとしているかのように思えます。

道元はその中で表現している文言の中に、「葛藤《かっとう》」「無根樹・不陰陽地・喚不響谷」の文言が、3＋4＋4＝11＝②の統一数構成となりますが、「夢中説夢」が書かれたのは、鎌倉期の仁治三年（一二四二）壬寅年で、西暦数では⑨寅年に当たります。

現代のA.D.二〇〇一年③巳は天数系列上の数年となっておりますから、七百五十九年間の年数による時空を超えて、共通の文字を選字しているのは、あまりにもできすぎたコジツケのように考えられるかもしれませんが、「葛藤」の「葛《かつ》」「藤」は「加藤」と潜象では相似をなしているようです。

また店名の「優夏樹」の文字を七百九十五年後の平成人が、時空を超えて選字しているのです。コジツケという軽い認識では無理があります。道元流に解釈しますと、時空を超えた叡智の霊《たま》軌道で、交差したのではないでしょうか。店名の二字目に当たる箇所に、「夏」の季節を無意識のうちに、織り込んだように考えられるのです。

道元の命質の原点は②未年ですから、巳・午・未は夏季の季質を内蔵しています。

この年から二年周期で読みますと、二十三回目の周期に入り、周期波動では、順⑦酉・逆⑥巳となり、金局期を迎えております。

二十一世紀に生きる加藤さんの店名は、43画の⑦数で、霊線軌道では吸引作用が生じる時場と字場が共有されているのを発見するのです。

なぜ心命一体の霊軌道が現成されたかといいますと、店舗を求めるのに、西の酉の方向を求めた事場が、共有する原心を発動しているようです。

現実に在る富《12》士《3》山《3》の山名を構成している原数は③で、平成十三年は③巳年で、十二支場と時数③とも共有する時空論の場と方向によって、共鳴作用が生じたようです。夢の中で、竜が現れ横切った後に空中に向かって高く昇ったとありますので、上昇気流に乗り、そこに亀甲が❀化しておりますので、長く数霊を学んでいるところに、仏法の原理を夢で見せられたのでしょう。しかも支店を出し、本店と二店鋪となったことも、カズタマ数理通りに現成されております。

道元が語る「夢中説夢」のとらえた一面は、時空を超えて、加藤さんご夫妻によって現証されたといえましょう。ここに命心一体の潜象理を証すことができたと思います。ここでは省きますが、丁目・番地までも、同じ軌道内で共鳴しておることは、仏教で説く、不可識境の領域かもしれません。

晩年期の道元の命質

夢を見ることは、活体としての命が、脈動している証です。

さきに加藤さんからの手紙の日付が、六月二日となっています。この日付も不可思議といわなくてはなりません。といいますのは、道元が「光明」を書いた時に、仁治三年（一二四二）の夏六月二日と書いているからです。陰暦と陽暦の違いはあっても、同じ夏期の梅雨の六月二日となって、時空を超えて時数で日付を書いたことは、なんと表現すればよいのでしょうか――。偶然の一致だと、かたづけられないのです。言葉に表現しづらい何かが感じられるのです。

この本を書いた道元の周期波動を調べてみましたところ、二十二回目の周期、順⑧×戊・逆⑤×

巳となっているではありませんか。この破壊数は、生年月日の未⑧丑⑤。⑤未②丑の対向軸が大変革を、破局性の強い中から、長いしがらみから脱皮する要因を示している、運ばれて来た命質を示す時期に入った中だから、五月雨が降りだす、一歩手前で、光《6》明《8》の文字を選び出しているのです。

光明の画数は6＋8＝14。14は7と7に分けられ、そこに、暗い夜中に、五月雨《さみだれ》がしとしとと降る真夜中の、午後十一時から午前一時までに書き、「梅雨霖々《りんりん》」と表現して、記録しております。ここでも時季が一致しています。

一致しているのはそれだけでなく、鎌倉期に生きた禅僧・道元は「光明」の中で、次のようにも書いています。

「仏光も自己光明も、赤白青黄にして、火光・水光のごとく、珠光・玉光のごとく、竜天のごとく、日月の光のごとくなるべしと見解す」

この文言にある「光《6》」は7字あり、6×7＝42となって、中心の玉座《くら》の中に時命が回流しますと、42＋①＝43となります。この43が店名・優《17》夏《10》樹《16》で、平成十三年（二〇〇一）の③巳年は南の場に⑦が回流しています。

「光」は加藤さんの夫の名前が光《6》義《13》で「光」の字があります。

九宮になる九星では「赤・白・青・黄」の赤は七赤に該当する色名です。「火」「水」が二字並ぶ「火水」をカズタマでは「数《かず》」と訓んでいます。「珠」「玉」はカズタマの「タマ」の実体を写しだす時場・字場として把握しております。夢で現われた竜は赤い眼をしていたと書いているのと一致した表現となっております。

竜体は、命体の象徴であり、陽光の中にあっても、陽光の中でも円環をもって回流している光景を、沖縄時代にカメラのフィルムに多数映像化しております。側面から見ますと透明ではあっても、竜体の蛇腹のように連結されて帯状に表現されています。加藤さんご夫妻は、これらの映像フィルムは見ていないだけでなく、鎌倉期の禅僧である道元の名前すら知っていないのです。だから、なおさら不思議です。

この時空を超えて現成する潜在の深層に作用する無相の自己は、道元すらも分かっていない、顕幽《けんゆう》を橋渡しする無道の実体は、何でも取り込んでいた道元ですら、傍観者の一人でしかないのです。

この橋渡しをするのが、本書で展開しているカズタマの周期波動理論と、玉結びになる亀甲の七曜の動態理論で、遠い過去の歴史と、現在・未来の三元だけでなく、天地の上下と合体した十字玉結びの構造なのです。私は一般論として、分かりやすい方便で、水車理論と呼んでいます。また時空が一点に集合する点は、点であって点でなく、互換変換する十気《とき》に一穴が生じます。この穴は玉と玉の三玉結合によって生じる穴のことで、この穴のことを、隙間《すきま》理論と名付けております。で、古琉球には「おみつもん」として伝承されています。だがその裏に秘められた理法は、忘れ去られております。

古琉球の伝承では、命のことを「ヌチ」と訓んでいるだけでなく、「命《ぬち》ぞ宝《たから》なり」とも現代に至っても、民間の中で息吹いて古道を伝えております。

道元の運ばれる命と、運ぶ命の命運を、三つの時場と字波と命波によって、寛元元年（一二四三）①卯年の屈折時が、なぜ？　この時間となって、晩期の命道の道標となったのかを、書き留めたいと思います。

晩年期の道元の命質を読む

生の始めと、生の終わりには、常識では考えられない、矛盾したような言動が、無意識のうちに、過・現が反転回流するようです。

現代の科学・哲学概念では考えられない、論理以前で、妄念でしかないと、退けるでしょうが、――そうでしょうか。

もしそうであれば、歴史は繰り返されるとの言葉は、嘘なのでしょうか。

鎌倉期の禅僧・道元は「行持下《ぎやうじ》」の中で、三千年に一度花を咲かすといわれる、優曇花《うどんげ》のことにふれた「曇花《どんげ》」の用語を引用して、「曇花の一現はやすかるべし、年月をまちて算數《さんじゅ》しつべし」と語っておりますが、優曇花の「優」の一字が、平成時代の未来時に、花開き、優夏樹という店名を、選び出している事実を、道元が一字飛ばした「優」が、時空を超えて東京の蔵前に一輪、花が開いた、それも文字によって写された事実を、なんと考えればよいのでしょうか――。文字を選んだご本人も、この故事は知らないのです。本書を読まれるあなたは、なんと答えるでしょうか。


禅問答のようになりますが、今度は逆に本書の著者が、時計の針を逆に回して、道元の内包する、絶対場としての誕生年。道元の法名を使用し始めた年。『正法眼蔵』を書き始めた年。この三点時場を座標として、道元の晩期は、最盛期、命運が背中合わせとなる時期がいつかを周期波動で探ります。すると十二支場が順逆対向で、火・水の↑↓の分離帯となる時期が、日本国の中部地方の越前へ入越した時になります。出家主義へと傾斜した時と、臨済禅を目の上のタンコブとして、批判しだした時期が、仁治二年（一二四一）⑧丑年で、道元の誕生年月の②未・⑧丑の時場に内在する⑧数破壊年となった時点が、最盛期から徐々に足踏みが生じてくる時期を迎えていることが、周期波動上に映し出されております。道元は破壊性を、菩薩の破戒とみております。誕生年から二十二回目の周期が回流した年に当たります。

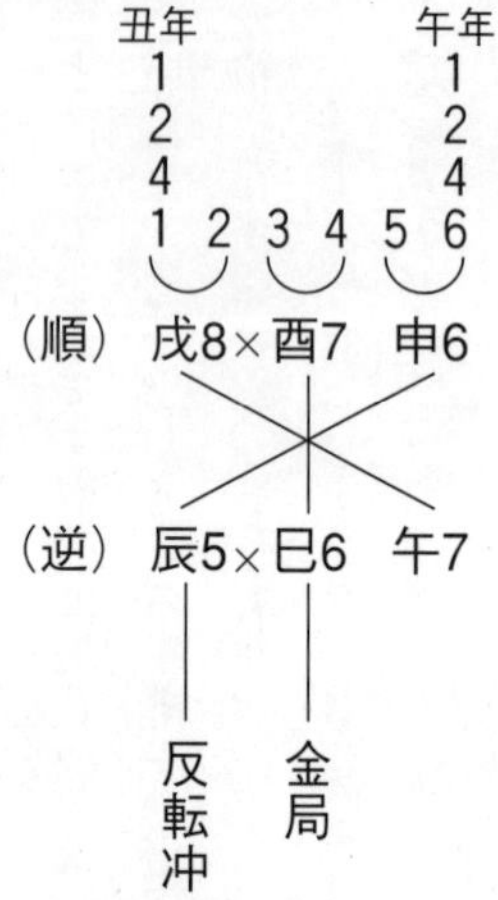

（大クロス期を示す）

※ ⋇記号は、1の縦軸により、
上下に時場が互換し、
時間数は火局軌道下法へ。
水局軌道は下から上方へ。
※火局は戌・午。水局は辰・申。

道元の法名13＋4＝17・1＋7＝⑧。八年周期が無意識のうちに作動しますから、建保元年⑦酉（一二一三）から、その後の名質変化は、嘉禎三年（一二三七）酉年から、寛元三年（一二四五）までの八年間が、順⑤×・逆②と変質して、法名使用年に内包された⑤×破壊数が中心に回流して、⑦・⑤の対応作用を、無意識のうちに行動化される時期へと変質されております。

後代の学者は、道元の「有時」の巻を時間・存在論の我が国の大哲学だと文言により表現しておりますが、本書の著者が開発した、時間・空間論からみますと、一大欠陥を内包しているのを、文献主義の眼識に、部分のみに視線がゆき、命心一体の全的動態論を見落としていたことが、本書によって露呈しております。

また、道元が興聖寺を創建した天福元年（一二三三）⑨巳年を座標として、その後の未来時を読みますと、仁治三年からは、午①破壊期へと向かっております。この曲折時を道元も、道元の信奉者・学者も読めていないのです。別な表現をしますと、静止形の有時であり、動態形の時空反転し、空時へとねじれ現象を現成する、「動時」が掴まえられていないといえそうです。

寛元元年（一二四三）①卯年に「空華」の巻を道元は著述しており、その文言の中に「空華の彩光葉華いかなるとしらず」とありますが、「彩光」の逆投影したのが「光彩」で、外部の人の中には、たまに晃彩でなく、光彩と書いた葉書を送ってくる人もありますが、鎌倉期の道元は「光彩」と書き、二十一世紀に生きる晃彩は、若い時期に絵を書いていた頃、雅号として使用しているので、時空を超えた相似像をそこに見るのです。

道元の最晩年は、誕生年の時場の十二支、未が回座する二十五回目の寛元四年（一二四六）②辰大《3》仏《7》寺《6》を永《5》平《5》寺《6》と改名した年から、八年までの時間帯で、A.D.一二四六年までが、順⑤未・逆⑧《×》未で、十二支は原点帰りの季を迎えております。

寺名数は同数で、改名効果より、むしろ、原心の中に内生した、⑤《×》破壊を誘発する素因をつくっております。

数にはどのような意味があるのかは、別の機会に説くとしても、最晩年をどう生きぬいたかだけ書いておきたいと思います。

道元禅と法華経とは、一見似つかわしくないように感じますが、裏では一体で心読して、我がものとしております。

それを証すかのように、仁治三年⑨寅年に『法華転法華』を書いている用字の中に、「転」の一字を法華・法華の中に挿入しています。私はこの法華の並列の中に、回転する文字を挿入している②・①・②の配字構成をしたのは、最晩年に至って、ようやく、ボヤーっと体感するようになったか、と思うのです。

この体感はどの時点で読み取ることができるかといいますと、時の執権・北條時頼が申し出た、一切の寄進を固辞して、翌年永平寺へ戻っておりますが、これは自己の命柱がもつ、南西の未申から、丑寅の北東へと動いているのです。

この／傾線上に行くということは、無意識のうちに、自己の凶性を引き出す命運の終末を、多少なりとも感じたのでしょう。

この時、時頼に禅の心を詠んだ短歌を十首詠んで与えたといわれています。その中の一首に、

いひすてし其の言葉《ことのは》の外なれば
　筆にも跡をとどめざりけり

と不立文字一首をのこしております。

だが、その反面に、矛盾にも思える文字を、法華経第二十一品の「如来神力品」の一節を読経しながら、正面の柱に、「南無妙法蓮華経庵」と筆で書き残しているといわれていますが、問題なのが結語の「庵[11]」の11画の文字で、生の証として、道元の誕生年の②未へと潜在心は回帰しているのです。

この否定と肯定の二心を、庵の⑪数で詠んでいることは、言葉では説明できないけれども、位相により、周期波動の実相が理解されたと、思えるのです。

参考文献（発行年順）

日本小年表　笠原一男編　東京大学出版会　昭和39年
正法眼蔵随聞記　日本古典文学大系　西尾實　鏡島元隆　岩波書店　昭和40年
日蓮聖人の事観論　酒井待元　水野彌穂子
日蓮と法華経〈講座　日蓮1〉　笹川義孝　山喜書房　昭和45年
　監修　坂本日深　編集　田村芳朗　宮崎英修　春秋社　昭和47年
天台本覚論　日本思想大系　多田厚隆　大久保良順　田村芳朗　浅井円道　岩波書店　昭和48年
現代語訳正法眼蔵　第一巻～四巻　増谷文雄　角川書店　昭和48年
数霊の四次元　田上晃彩　大陸書房　昭和48年
古事記の謎　田上晃彩　大陸書房　昭和48年
破壊数入門　田上晃彩　廣済堂　昭和55年
暦ものがたり　岡田芳朗　角川書店　昭和57年
沖縄のユタの本質　田上晃彩　琉球文化社　昭和57年
数霊が語る仏法の真理　田上晃彩　共栄書房　昭和58年
数霊運命学原論　田上晃彩　数霊占術学会　昭和59年

日蓮の佐渡越後　本間守拙　新潟日報事業社出版部　平成6年
日本仏教史　中世　大隅和雄　中尾尭　編　吉川弘文館　平成10年
日蓮紀行　武田京三　まどか出版　平成12年
道元　松原泰道　アートディズ　平成12年

〈機関誌関連〉　田上晃彩

数霊学序説1・2・3　亀の思想と数霊　昭和47年
4　図象に隠れた数理　昭和47年
数霊研究資料集成（1）　昭和49年
仏教と数理　日本数理学会・春　昭和52年
日本文化の根本思想　夏　昭和52年
自然の中に学ぶ　秋　昭和53年
天台法華と霊思想①②③④　昭和54年〜55年
神仏混交の潜象　昭和55年　冬
言霊論考①②　昭和57年　秋・冬

音霊数一覧表（五母音）

パ 71	バ 66	ダ 61	ザ 56	ガ 51
ポ 72	ボ 67	ド 62	ゾ 57	ゴ 52
プ 73	ブ 68	ヅ 63	ズ 58	グ 53
ペ 74	ベ 69	デ 64	ゼ 59	ゲ 54
ピ 75	ビ 70	ヂ 65	ジ 60	ギ 55

ン 1	ワ 46	ラ 41	ヤ 36	マ 31	ハ 26	ナ 21	タ 16	サ 11	カ 6	ア 1
(10)	ヲ 47	ロ 42	ヨ 37	モ 32	ホ 27	ノ 22	ト 17	ソ 12	コ 7	オ 2
	ウ 48	ル 43	ユ 38	ム 33	フ 28	ヌ 23	ツ 18	ス 13	ク 8	ウ 3
	エ 49	レ 44	エ 39	メ 34	ヘ 29	ネ 24	テ 19	セ 14	ケ 9	エ 4
	ヰ 50	リ 45	イ 40	ミ 35	ヒ 30	ニ 25	チ 20	シ 15	キ 10	イ 5

音霊数一覧表（三母音）

ン	ワ	ラ	ヤ	マ	ハ	ナ	タ	サ	カ	ア
1	28	25	22	19	16	13	10	7	4	1
10	ヰ エ	リ レ	イ エ	ミ メ	ヒ ヘ	ニ ネ	チ テ	シ セ	キ ケ	イ エ
	29	26	23	20	17	14	11	8	5	2
	ウ ヲ	ル ロ	ユ ヨ	ム モ	フ ホ	ヌ ノ	ツ ト	ス ソ	ク コ	ウ オ
	30	27	24	21	18	15	12	9	6	3

パ	バ	ダ	ザ	ガ
43	40	37	34	31
ピ ペ	ビ ベ	ヂ デ	ジ ゼ	ギ ゲ
44	41	38	35	32
プ ポ	ブ ボ	ヅ ド	ズ ゾ	グ ゴ
45	42	39	36	33

並列数一覧表

変化数	並　列　数	変化数	並　列　数	変化数	並　列　数
101	51 ・ 51	51	26 ・ 26	1	1 ・ 1
103	52 ・ 52	53	27 ・ 27	3	2 ・ 2
105	53 ・ 53	55	28 ・ 28	5	3 ・ 3
107	54 ・ 54	57	29 ・ 29	7	4 ・ 4
109	55 ・ 55	59	30 ・ 30	9	5 ・ 5
111	56 ・ 56	61	31 ・ 31	11	6 ・ 6
113	57 ・ 57	63	32 ・ 32	13	7 ・ 7
115	58 ・ 58	65	33 ・ 33	15	8 ・ 8
117	59 ・ 59	67	34 ・ 34	17	9 ・ 9
119	60 ・ 60	69	35 ・ 35	19	10 ・ 10
121	61 ・ 61	71	36 ・ 36	21	11 ・ 11
123	62 ・ 62	73	37 ・ 37	23	12 ・ 12
125	63 ・ 63	75	38 ・ 38	25	13 ・ 13
127	64 ・ 64	77	39 ・ 39	27	14 ・ 14
129	65 ・ 65	79	40 ・ 40	29	15 ・ 15
131	66 ・ 66	81	41 ・ 41	31	16 ・ 16
133	67 ・ 67	83	42 ・ 42	33	17 ・ 17
135	68 ・ 68	85	43 ・ 43	35	18 ・ 18
137	69 ・ 69	87	44 ・ 44	37	19 ・ 19
139	70 ・ 70	89	45 ・ 45	39	20 ・ 20
141	71 ・ 71	91	46 ・ 46	41	21 ・ 21
143	72 ・ 72	93	47 ・ 47	43	22 ・ 22
145	73 ・ 73	95	48 ・ 48	45	23 ・ 23
147	74 ・ 74	97	49 ・ 49	47	24 ・ 24
149	75 ・ 75	99	50 ・ 50	49	25 ・ 25

〈氏姓別注〉

「北條」

引用文献は当用漢字制定・昭和21年11月16日以降の出版本なので、「条」[7]を事象と事象周期波動の順逆理から検証して、平安・鎌倉期七曜に照らし、現代にも受け継がれている、⚹型の時系・字系になる北條・東條・南條・西條。上條・中條・下條に従って画数も鎌倉期の時間数とも照合して確定したのが「北条」ではなく「北[5]條[11]」です。

●著者紹介
田上晃彩（たがみ・こうさい）
株式会社未来総研・代表取締役会長
〒460-0013　名古屋市中区上前津２丁目14－18
第２ふくとくビル２Ｆ
TEL：052－323－2961
FAX：052－323－2962

鎌倉仏教と魂―日蓮・道元―

初版第１刷発行　2002年2月27日

著　者　田　上　晃　彩
発行者　韮　澤　潤　一　郎
発行所　株式会社　た　ま　出　版
〒160-0004　東京都新宿区四谷4-28-20
電話　03-5369-3051（代表）
振　替　00130-5-94804
印刷所　東洋経済印刷株式会社

乱丁・落丁本お取り替えします。

ISBN4-8127-0149-X C0015